时代聚变

DIGITAL ECONOMY AND INNOVATIVE DEVELOPMENT

数字经济与创新发展

鲍世超◎著

中国经济出版社
CHINA ECONOMIC PUBLISHING HOUSE
北京

图书在版编目（CIP）数据

时代聚变：数字经济与创新发展 / 鲍世超著 . --北京：中国经济出版社，2024.2

ISBN 978-7-5136-7540-6

Ⅰ. ①时… Ⅱ. ①鲍… Ⅲ. ①信息经济-研究 Ⅳ. ①F49

中国国家版本馆 CIP 数据核字（2023）第 212137 号

责任编辑　赵静宜
责任印制　马小宾
封面设计　久品轩

出版发行　中国经济出版社
印 刷 者　北京富泰印刷有限责任公司
经 销 者　各地新华书店
开　　本　710mm×1000mm　1/16
印　　张　13.75
字　　数　205 千字
版　　次　2024 年 2 月第 1 版
印　　次　2024 年 2 月第 1 次
定　　价　98.00 元
广告经营许可证　京西工商广字第 8179 号

中国经济出版社 **网址** www.economyph.com **社址** 北京市东城区安定门外大街 58 号 **邮编** 100011
本版图书如存在印装质量问题，请与本社销售中心联系调换（联系电话：010-57512564）

目 录

CONTENTS

企业篇

绪 论

第一节 数字经济研究背景及意义

数字经济在数字化生产、交换、分配和消费等各个环节中占据主导地位。近年来，随着信息技术的发展和数字化转型的推进，人类社会和经济生活的方式已经发生了深刻的变化，数字经济作为发展新动能已经成为国际上广泛研究的热点和重要议题。数字化转型正在推动全球经济的转型和升级，数字技术的应用涉及经济的方方面面，包括但不限于金融、制造、零售、物流、医疗、教育、旅游等领域，影响到了经济和社会的方方面面，应该加强研究来为数字化转型提供更多的支持和指导。数字经济的研究具有重要意义。数字经济在推动全球经济增长、提高产业竞争力、促进就业等方面有着重要的作用，数字经济的发展是实现数字包容和经济包容的关键，数字化转型的前景和路径需要研究者给出切实可行的建议和方案。此外，数字经济的创新和发展对政策和技术创新提出了新的挑战，在全球数字技术应用和创新的竞争中具有重要的影响。

伴随着新一轮科技革命和产业变革的兴起，以大数据、区块链、人工智能、物联网为代表的数字技术逐步渗透到社会生活的各个领域。数字技术打通了时空限制，结合国家产业化发展政策，延伸了产业链，所以，数字经济的发展必将成为驱动区域高质量发展的新动能、新引擎。当前，蓬勃发展的数字经济已成为推动我国经济高质量发展的重要引擎。有别于农业经济与工业经济业态，数字经济对国民经济的生产、交换、分配和消费等环节都产生了颠覆性影响，以推动产业变革为核心，通过数字驱动、要素集聚、产业发展、降本增效等体系建设进一步提升了经济运行模式的效率，是实现新旧动能转换的核心与重点。

中国信息通信研究院发布的《中国数字经济发展白皮书》显示，在当前国内国际双循环的新发展格局战略背景下，数字经济能最大限度挖掘内需潜能，消化吸收现有产能，从而带动产业结构升级。数字经济的发展，将从根本上改变企业的生产要素及生产方式，进一步催生新的产业，带动产业变革，进而成为新时代扩大中国内需、驱动地方高质量发展的新动能。

第二节　本书的内容体系

数字经济的发展已经上升到国家战略，需要遵循统筹规划、逐步推进、先易后难的实施原则，这需要一系列的体系框架、制度创新等政策支撑，如何完善这些创新点，还需要进一步深入探讨。

数字经济具有创新引领、渗透性强、覆盖面广的特点，不仅是新的经济增长点，还是改造提升传统产业的支点。然而，数字经济产业发展主体为大量中小型科技企业，融资能力不足，且对人才和产业资源有着较为迫切的需求。

在总量扩张的同时，我国数字经济也存在区域发展上的不平衡现象，东部沿海省份发展最好，中部省份次之，西部省份发展相对较弱。总体而言，我国数字经济在竞争力、支配力、原创力、渗透力等方面还不够突出。

本书通过系统梳理数字经济内涵和特征、数字经济发展的基础底座、数字经济所依托的新技术、数字经济典型企业案例、数字经济发展较好的区域成功经验借鉴等内容，有助于读者更深刻地理解认知数字经济，为有数字经济发展需求的企业、政府、区域等提供参考借鉴。

内涵篇

第一章 数字经济的内涵与特征

第一节　数字经济定义与内涵

一、数字经济的定义

近年来，以数字化、智能化为代表的新一轮信息技术革命迅速驱动社会变革，加速向数字时代转型，以数字技术创新为核心驱动力的数字经济成为数字时代的主要经济形态，但目前数字经济仍属于一个新兴概念。随着数字化进程的加快，数字经济概念也不断延伸（见表 1-1）。

表 1-1　数字经济概念的演变

时间	事件/组织	相关概念	意义
1996 年	美国学者 Don Tapscott 的著作《数字经济：网络智能时代的希望和危险》	将数字经济划分为四个部分："高度数字化的商品和服务、混合数字商品和服务、信息技术密集型服务产品生产和信息技术产业。"	首次提出"数字经济"这一概念
1998 年	美国商务部经济分析局（BEA）	狭义上，数字经济即为与信息通信技术（ICT）直接相关的经济活动	
2002 年	美国学者金范秀（Beomsoo Kim）	将数字经济定义为一种特殊的经济形态，指出数字经济的活动本质为"商品和服务以信息化形式进行交易"	
2014 年	经济合作与发展组织（OECD）	数字经济是一种包括区块链、人工智能、大数据和物联网等数字技术的集群，由数字技术驱动、在经济社会领域持续数字化转型的生态系统	
2016 年	美国商务部经济分析局	将数字经济上升到商业运作的高度，认为数字经济是数字技术集群衍生出的一种商业模式	

续表

时间	事件/组织	相关概念	意义
2016 年	G20 杭州峰会发布《二十国集团数字经济发展与合作倡议》	以使用数字化的知识和信息作为关键生产要素、以现代信息网络作为重要载体、以信息通信技术的有效使用作为效率提升和经济结构优化的重要推动力的一系列经济活动	标志着数字经济概念和内涵在国际社会基本得到确立
2017 年	中国信息化百人会发布《中国数字经济发展报告》	数字经济是全社会信息活动的经济总和。具体而言，数字经济以数字化信息为关键资源，以信息网络为依托，通过信息通信技术与其他领域紧密融合，形成了基础型、融合型、效率型、新生型、福利型五个类型的数字经济	

现阶段数字经济尚未形成统一的定义，国家统计局发布的《数字经济及其核心产业统计分类（2021）》，确定数字经济衡量标准和统计口径，将数字经济定义为“以数据资源作为关键生产要素、以现代信息网络作为重要载体、以信息通信技术的有效使用作为效率提升和经济结构优化的重要推动力的一系列经济活动”。

数字经济作为以数字技术方式进行生产的全新经济形态，其定义包含了狭义和广义两个层面。广义的数字经济是指将数字技术应用于所有实体经济的社会形态，是一种全新的经济社会发展形态，即社会进入数字经济时代。狭义的数字经济是指通过数字技术能够对当前的经济环境和经济活动产生根本性影响的经济系统，就是数字产业化加产业数字化。国家统计局《数字经济及其核心产业统计分类（2021）》提出，数字产业化包括数字产品制造业、数字产品服务业、数字技术应用业、数字要素驱动业；产业数字化包括数字化效率提升业，并将数字产业化确定为数字经济的核心产业，是数字经济发展的基础。数字经济就是一切与数字技术及其应用直接相关的经济总量。

二、数字经济的内涵

数字经济发展至今内涵愈加丰富，涵盖范围愈加广泛，主要包含四个核心内容：一是数字经济的关键要素是数据，在数字技术的支撑下，数据作为一种新型生产要素，成为数字经济繁荣的核心引擎。当前数据驱动经济增长的能力正逐步显现，以数据为核心对象的数据产业快速发展。二是数字平台创造了新的经济生态系统，作为中介平台将顶层技术与末端消费者相联通，是数字融合、集聚数据、应用赋能的机构数字服务中枢，以新型数字技术为部件、以数据为生产要素、以数字化服务为产出物，是数字经济的重要组成部分。三是数字共生是数字经济创新发展的必由之路，数字经济的发展离不开实体经济，其不仅在线下现实世界实现了价值创造，在元宇宙空间、平台经济等线上数字世界也是输出价值的主体，还在数字平台生态系统中实现了价值共创。四是数字经济是继农业经济、工业经济之后的更高级经济形态，具体表现为“数字技术+数据要素+数字应用”，以全要素赋能、数字化转型为重要推动力，促进共享、共生、共赢和可持续发展的新经济形态，具有鲜明的时代特征。

三、数字经济的基本特征

数字经济是数字技术发展到一定阶段的必然产物，展现出数字化、网络化、智能化三大核心特征。

（一）数字化

数字化就是把现实社会的经济活动通过信息化系统、传感器、人工智能等各类新型的数字应用技术重新定义，以数据为关键生产要素，形成可采集、可存储、可记录、可交互的数据、信息和知识，并通过数字化进行加工和应用，赋能实体经济活动。

（二）网络化

以现代信息网络为重要载体，网络化就是将这些已经抽象的数据、信息和知识，通过互联网、物联网等网络载体进行自由流动、无缝对接和全面融合，并极大地改变传统的生产关系。

（三）智能化

数字经济已跨入以智能化为特征的 3.0 时代。智能化就是利用 IT 系统、大数据、云计算、人工智能等先进的信息通信技术，提升数据的处理效率及处理能力，实现自动化、智能化的数据处理，使社会经济活动效率快速提升，进而使社会生产力得到指数级的增长。人工智能是数字经济的重要战略抓手，成为数字经济时代的重要基础设施、关键技术、先导产业以及赋能引擎。

第二节　数字经济相关概念

数字经济是数字技术或以数字进行创新驱动的产物，是以数据作为重要生产要素的新型经济形态，又称互联网经济、网络经济、新经济、智能经济。2016 年 G20 杭州峰会，将数字经济定义为以使用数字化的知识和信息作为关键生产要素、以现代信息网络作为重要载体、以信息通信技术的有效使用作为效率提升和经济结构优化的重要推动力的一系列经济活动。

信息经济又称资讯经济、IT 经济，是以现代信息技术等高科技为物质基础，对信息产业起主导作用的，基于信息、知识、智力的一种新型经济。信息经济强调新经济的物质基础为信息技术，对信息产业起主导作用。

知识经济是一个与农业经济、工业经济相对应的概念，是以知识为基础，通过脑力劳动输出主要知识，教育、科研、开发是知识经济的主体，高素质的人才是重要的资源。知识经济强调新经济中知识的作用，并非“生产要素”。

互联网经济是基于互联网所产生的经济活动的总和，当前社会，互联网主要的发展形态包括电子商务、即时通信、知识付费、影音视频、搜索引擎等类型。互联网经济是以互联网为基点对新经济的观察，范围比数字经济小。

共享经济是指拥有闲置资源的机构与个人将资源使用权让渡给他人，让渡者获得回报，分享者分享闲置资源或利用闲置资源创造社会价值。共享经济本身是一种资源优化配置的经济模式，是基于互联网等现代信息技术支撑，通过技术平台进行供需对接的一种社会运行方式。

虚拟经济是相对实体经济而言的，指没有实体生产活动，单纯依靠资本运营创造价值的经济。主要涉及金融证券行业、电商行业和互联网社交三个方面。广义来讲，虚拟经济除目前研究较为集中的金融业、房地产业外，还包括体育经济、博彩业、收藏业等。

智慧经济是创新型的知识经济形态，以创意设计、创新设计为核心产业，通过设计带动经济发展，以互联网络服务为基础，借助于物联网、

RFID（射频识别）和人工智能等数字技术，推进去中介化的生产和消费等产业链活动的新型经济场景行为。

通过梳理以上概念可知，作为信息技术高度发展的产物，数字经济与其他经济模式在生产要素、运营模式、技术基础等方面均存在差异。数字经济强调新经济形态中串联经济主体之间与主客体之间的生产要素数据以及数据运行的方式方法——数字技术。

第三节　产业数字化与数字产业化

一、产业数字化的内涵

对产业数字化的理解需要兼顾社会与市场两个维度，以更加全面的视角理解其内涵本质。从社会维度看，产业数字化是建立在生产工具与生产要素变革基础上的一种社会行为；从市场维度看，产业数字化是以信息网络为市场配置纽带、以服务平台为产业生态载体的资源优化过程。

其内涵是指通过数字技术的应用及数据资源的挖掘分析，通过数字技术与实体经济的融合，赋能于传统产业固定场景，从而促使传统产业降本增效。在数字科技变革的时代背景下，以数据为关键生产要素进行整合加工，通过数据赋能，实现对数字农业、智能制造、智能交通、智慧物流、数字金融、数字商贸、数字社会、数字政府等数字化应用场景的转型升级；这些场景对应我国《国民经济行业分类》中的91个大类及1256个小类，进一步体现了数字经济与实体经济的深度融合。

（一）智能制造

1. 内涵边界

科技部印发的《智能制造科技发展“十二五”专项规划》给出了智能制造的定义：“面向产品全生命周期，实现泛在感知条件下的信息化制造。智能制造技术是在现代传感技术、网络技术、自动化技术、拟人化智能技术等先进技术的基础上，通过智能化的感知、人机交互、决策和执行技术，实现设计过程、制造过程和制造装备智能化，是信息技术和智能技术与装备制造过程技术的深度融合与集成。”此说法中实现设计过程、制造过程和制造装备的智能化，只是智能制造的现象。或者说，智能化设计、装备等只是制造的手段，而非目标。

2. 主要特征

智能制造的特征为数据实时采集、生产模型优化、过程全程可视、决策优化支持等。

（1）数据实时采集。通过信息系统、传感器铺设，实时动态地进行数据识别采集，通过数据标准、数据清洗、数据治理等体系进行传输优化，并将处理好的数据传输至生产系统。

（2）生产模型优化。以产品全生命周期为生产核心，通过海量数据的采集，构建基于大数据分析的生产模型系统，并根据生产过程不断优化生产模型，实现生产过程的全面控制。

（3）过程全程可视。通过全过程数据采集及清洗治理，对智能制造生产过程进行可视化分析，实现全过程运营管理及控制。

（4）决策优化支持。通过系统控制制造过程，实现稳定、安全的运行和动态的调整。

3. 主要构成

智能装备：一类具有智能化功能的产品，包括但不限于智能家居、智能医疗设备、智能工业机器人、智能交通设备、智能安防设备等。智能装备具有自主学习、自主适应、自我维护、自我修复等能力，通过感知、计算、通信等技术实现对环境变化的快速响应和智能控制，为人们生活和工业生产带来便利和效率的提高。主要特征为：具有智能化功能，能够自主感知、自主分析、自主决策、自主执行；具有互联互通特性，能够通过公共网络实现设备之间的信息和数据的共享与交换；具有可编程、可升级的特性，能够根据用户需求灵活地进行功能扩展和升级；具有高效、安全、稳定的特性，能够可靠地保证设备和系统的运行和稳定性；具有高度的普适性和开放性，能够支持多种平台和技术的集成。

智能工厂：通过智能装备和信息化技术等手段实现完全自主化、高度柔性和高效率的生产过程，从而提高产品质量和生产效率。智能工厂以数据为驱动力，通过物联网、传感器和大数据等手段，实现对生产过程的实时监测、分析和反馈，及高度柔性化的快速的产品转换和生产线调整，根据市场需求进行生产，大幅提升生产的灵活性和适应性，实现高精度制造和质量检测，大幅提升制造质量。通过节能减排、资源高效利用等方式，实现可持续发展。

智能服务平台：通过数据采集、分析、处理和应用等实现制造全过程的监测、控制和优化，及时发现生产过程中的问题和风险，帮助企业进行管理和决策。主要包括设计集成、生产调度、质量管理、多方协同等功能，可实现生产过程的透明化和高效化。

4. 主要作用

智能制造主要用来解决企业在生产过程中优化生产模型、提高生产效率的问题，通过集成化、协同化和可扩展的方式及手段，实现生产过程的透明化和高效化，从而提高企业的竞争力和市场占有率，拓展企业的升值空间。

（二）数字金融

1. 内涵边界

数字金融是指在互联网、移动互联网和物联网等数字技术的支持下，通过数据挖掘、人工智能、区块链等新兴技术，为金融行业的各种服务和业务提供数字化、智能化的解决方案和支持，实现金融服务的普惠和便利。谈及数字金融，往往会与互联网金融和金融科技形成概念关联。事实上，自中国互联网金融研究到开创作用是谢平和邹传伟于 2012 年首次提出的“互联网金融”概念。两位学者认为以互联网为代表的现代信息科技，特别是移动支付、社交网络、搜索引擎和云计算等，将对人类金融模式产生根本影响，出现既不同于商业银行间接融资，也不同于资本市场直接融资的第三种金融融资模式，称之为“互联网金融模式”。数字金融的内涵包括金融数字化、金融科技、金融数字化生态三部分。

（1）金融数字化。金融机构通过信息化技术改造内部流程和服务，实现业务数据的数字化和集成化，提升业务处理效率，降低业务成本。此外，数字化银行、数字化保险等金融机构也属于金融数字化的范畴。

（2）金融科技。利用新兴技术（如大数据、移动支付、云计算、人工智能、区块链等）创新金融服务质量和方式，包括智能风控、智能投资、智能客服、智能与资管等新业务模式，是数字金融发展的关键所在。

（3）金融数字化生态。在数字金融生态中，金融机构作为服务提供方，数据生产者、数据开放平台作为数字金融生态的基石，互联网企业、互联网平台、物联网设备以及用户等作为生态中的用户和消费者，共同构建了金融服务数字化、可视化、自主化的生态系统，形成了数字化经济时代金融服务的多元化、流动化、多样化的模式。

2. 数字金融的固有优势和模式

传统金融服务模式存在着基础设施薄弱、网点覆盖率偏低的弊端，严重制约着经济高质量发展，而数字金融可以将大数据、云计算、人工智能以及区块链技术融入现有金融服务体系，利用数字信息技术拓宽金融服务范围，降低制度性交易成本，优化金融服务的外部环境。整体优势包括：

（1）成本低。数字化处理和自动化技术的应用，可以降低金融机构的运营成本，提高效率，并将这些节省的成本转化为更好的客户服务和更高的投资回报。

（2）定制化。数字金融提供了更多个性化服务，包括基于个人信用评级的贷款、保险和信用卡，以及更多专门针对客户需求的金融产品和服务。

（3）服务便利。通过数字化渠道，数字金融提供了24小时在线服务，客户可以随时随地访问、操作和管理他们的金融产品和服务，方便快捷。

（4）数据驱动。数字金融可以通过大数据和人工智能技术对客户行为和市场趋势进行深入分析，从而为客户提供更好的投资建议和更佳的风险管理方案。

（5）创新引领。数字金融服务的不断创新和新技术的应用，可以打破传统金融行业的壁垒，促进全新的商业模式和合作方式的出现，从而推动金融行业的变革和升级。

总之，数字金融的优势在于其高效、便利、个性化、数据驱动的特性，以及其不断创新的能力，可为金融服务提供更广泛、更深入的应用与发展空间。

3. 数字金融在数字货币及预防数字货币犯罪方面的应用

数字货币应用包括以下应用场景：

数字钱包。数字钱包是用于存储、管理和使用数字货币的应用程序。

数字金融可以支持数字钱包的开发和运营，为用户提供安全、便捷的数字人民币使用体验。

金融投资。数字金融可以为数字人民币投资提供新的解决方案。利用区块链技术、智能合约等工具，可以实现数字人民币的投资和消费场景的融合，为投资者和消费者提供更细化的金融服务。

交易和结算。数字金融可以提供数字人民币的交易和结算服务。使用区块链技术和数字支付平台，可以实现数字人民币的异地交易和跨境结算，降低交易成本，提高交易速度。

信用评估。数字金融可以利用大数据技术对数字人民币交易数据进行分析，提供更准确的信用评估服务。建立数字人民币使用者的信用评级体系，可以促进数字经济的发展和创新。

金融监管和合规性。数字金融可以提供数字人民币的监管和合规性服务。建立数字人民币的监管和风险控制体系，可以防范数字货币领域的违规和欺诈行为，维护数字货币市场的健康发展。

在预防数字货币犯罪方面，可运用以下方式进行预防：

（1）监测和分析。利用大数据和人工智能技术对数字人民币的使用情况进行监测和分析，能发现可疑的交易行为，协助执法机构进行侦查。

（2）风险评估。建立数字人民币参与者的风险评估体系，在数字货币交易风险升高时进行预测和预警，控制风险。

（3）身份认证。为数字人民币的交易提供身份认证服务，验证参与者身份，并记录和追踪交易行为，为打击数字货币犯罪提供证据。

（4）合规监管。建立数字货币合规监管体系，保证数字人民币的合法使用。开展反洗钱、反恐怖主义融资监控，打击数字货币走私、洗钱等违法犯罪活动。

（5）安全防护。提供数字人民币钱包安全防护服务，保护数字货币用户的资产安全，减少数字货币的安全漏洞。

（三）数字社会

1. 内涵边界

数字社会是以新一代信息技术为基础的全新的经济社会发展形态，将数字技术全面融入经济、政治、文化、社会、生态文明建设全过程，带来新的生产要素、新的基础设施、新的发展理念、新的经济形态和新的治理格局，从而保障基本社会民生，优化社会运行模式和效率，提升人民福祉。

2. 典型特征

在数字社会中，人们利用先进的数字技术和互联网平台，进行信息共享、交流、消费和生产活动。这种社会形态以“数字化”为特征，生产、消费和交流等各种社会行为都被数字技术和互联网渗透。数字社会的到来促进了社会各领域的发展，推动了生产力和社会进步。同时，数字化也带来了新的风险和挑战，需要进行有效的监管，以保证数字社会的健康稳定发展。数字社会的典型特征如下：

（1）数字化程度高。数字化程度高是数字社会的主要特征之一，数字技术渗透到社会各个领域，改变了人们的行为和生活方式。

（2）信息共享和互联互通。数字社会通过互联网和其他数字技术，实现了人与人之间的信息共享和互联互通，使得人们更加紧密地联系在一起。

（3）多样化和个性化。数字化技术使得信息和服务更加多样化和个性化，客户可以根据自己的需求和喜好得到更好的服务。

（4）数据驱动和智能化。数字社会通过人工智能、大数据和其他先进技术，可以实现数据驱动和智能化的决策和服务，使得服务更加高效和精准。

（5）调整就业结构。数字社会的到来，也使就业结构面临调整，某些传统行业面临被淘汰，而一些新兴产业和岗位则迅速崛起。

3. 实施路径

短期来看，数字社会建设重中之重是抓好场景应用，打造未来社区、数字乡村等社会空间服务模式，增强群众的获得感、幸福感，同步健全完善城市大脑，全面夯实数字化基础。

中期来看，数字社会要以满足群众高品质生活需求和实现社会治理现代化为导向，形成数字社会基本功能单元系统。

长期来看，数字社会要在服务体系和治理体系全面拓展升级的基础上，一方面积极研究数字时代的信息安全、道德伦理、法律法规等面临的全新命题，推动数字化变革的持续深化。另一方面积极向数字经济、数字政府持续延伸，支撑数字时代的开源生态、国家竞争等宏大主题。

（四）城市建设

1. 内涵边界

在城市建设中数字技术包含了智能交通、智慧能源、智慧环境管理、智慧社区服务、数据驱动的决策支持、公共服务数字化等方面，致力于提高城市生活的效率和安全性、降低能源消耗和排放、优化城市规划和决策，为居民提供更便捷的公共服务，实现城市的智慧化、高效化、可持续发展，是推动城市发展的重要手段和方向。

2. 典型特征

在城市建设中数字技术的典型特征主要包括数据驱动、智能化、互联性、可视化和全球化。

第一，数字技术的应用使城市建设更倾向于依靠数据驱动。通过大数据的收集和分析，可以深入了解城市的各项指标和问题，并通过数据驱动的方式制定和实施政策。例如，对交通数据的分析，可以优化交通流量，减少拥堵问题。

第二，数字技术使城市变得更智能化。通过物联网技术和人工智能的应用，可以实现城市各种设施和系统的智能化管理和优化。例如，智能能源管理系统可以实现对城市能源的智能监控和调控，提高能源利用效率。

第三，数字技术实现了城市的互联性。通过互联网和通信技术，不同的城市设施和系统可以相互连接和交互，形成一个智慧城市生态系统。例如，互联网连接的公共交通系统可以实时查看公交车的位置和到达时间，方便市民出行。

第四，数字技术还提供了城市可视化的手段。使用虚拟现实和数据可视化技术，可以将城市的各种数据和信息以图形化和直观的方式展示出来，帮助城市管理者更好地理解和决策。例如，通过数据可视化技术可以实时展示城市的空气质量和环境状况。

第五，数字技术在城市建设中的应用具有全球化特征。不同国家和城市可以通过数字技术共享经验和智慧，解决共同的城市问题。例如，一些国际组织和平台通过数字技术促进城市间的交流和合作，共同推动城市可持续发展。

综上所述，在城市建设中数字技术的典型特征包括数据驱动、智能化、互联性、可视化和全球化，数字技术的应用推动了城市管理更为高效、可持续和人性化。

3. 实施路径

（1）建立数字基础设施。建立必要的数字基础设施，包括高速互联网、物联网传感器、智能终端设备等，为数字技术的实施提供必要的硬件支持。

（2）数据收集和处理。通过物联网、人工智能等技术，收集城市各种设施和系统的数据，并通过数据分析处理、挖掘有效信息，为城市管理和判断提供科学依据。

（3）制定相应的数字技术政策。根据城市的实际情况和数字技术的优势特点，制定相应的数字技术政策，明确数字技术在城市建设中的应用范围、目标和任务等。

（4）实施数字应用方案。根据制定的数字技术政策，实施相应的数字应用方案，包括智慧交通、智能能源、智慧城市规划等，提高城市管理和服务的效率和水平。

（5）开展数字技术创新和研发。城市管理和服务是一个不断完善的过程，数字技术的创新和研发是城市管理和服务不断优化的关键。因此，在数字技术应用的过程中，应持续开展技术创新和研发，推动数字技术不断进步和完善。

（6）合理管理数字化过程中的数据安全。数字技术在城市建设中的应用涉及城市各方面的数据，因此，合理管理数字化过程中的数据安全显得尤为重要，需要建立相应的法律法规和规范，解决数字技术应用的安全控制和信息隐私等问题。

（五）数字农业

1. 内涵边界

数字技术在农业生产中的应用，包括农业机械自动化、智能农业设备、精准农业等方面；数字技术在农业管理和决策中的应用，包括农产品追溯系统、农村信息化、农业大数据分析等方面；数字技术在农业科研和创新中的应用，包括农业智库、农业机器人等方面。

数字技术在农业方面应用的内涵包括从农业生产到农业管理再到农业

科研和创新的全过程，涵盖农业的各个环节和方面。需要注意的是，数字技术的应用在农业领域并非无限制，应根据农业实际情况和技术发展的可行性来确定应用边界，避免过度依赖和不必要的推广。

2. 典型特征

数字技术在农业场景应用的典型特征是数据驱动、自动化和智能化、精准化管理、品质保障和信息传播。这些特征可以帮助农业生产者提高生产效率、降低生产成本、提升农产品质量和安全性。

（1）数据收集和分析。数字技术的应用可以帮助农业生产者收集和分析大量的农业数据，包括天气、土壤、作物生长等数据。通过数据分析，农业生产者可以更好地了解农田的状况，及时采取相应的决策和管理措施。

（2）自动化和智能化。数字技术的应用可以实现农业生产的自动化和智能化。例如，可以利用传感器和控制系统自动监测和调节温度、湿度、光照等环境条件，提高作物的生长效率和品质。同时，还可以利用机器人和无人机等智能设备进行农田的巡视、播种、施肥等工作。

（3）精准农业管理。数字技术的应用可以实现农业生产的精准化管理。通过使用全球定位系统（GPS）、地理信息系统（GIS）等技术，可以实现农田的精确定位和划分，从而实现精准施肥、精准灌溉等农业管理措施，提高农田的利用效率。

（4）农产品追溯和品质保障。数字技术的应用可以实现农产品的追溯和品质保障。通过建立农产品的追溯系统，可以追踪农产品从种植到销售的全过程，确保农产品的质量和安全。同时，还可以利用物联网技术和传感器监测农产品的质量指标，确保食品的安全和品质。

（5）农业知识和信息的传播。数字技术的应用可以实现农业知识和信息的快速传播。通过互联网、移动应用等技术，农业生产者可以获取到最新的农业技术和信息，提高农业生产效益和可持续发展能力。

3. 实施路径

总之，数字技术在农业场景下的应用是一个系统性的过程，需要深入探究相关问题和需求，采用不同的数字技术途径和应用程序，与其他农业生产者、行业组织和高校合作，以实现数字技术的最大化应用效益。

（1）建立基础设施。数字技术的应用需要一定的基础设施支持，例如，建设传感器网络、互联网、物联网等设施，以及购买合适的硬件设备和软件系统。

（2）针对具体问题确定解决方案。在选择数字技术时需要考虑具体问题和需求，例如，农业生产过程中存在的管理难题和生产效率低下等问题，然后利用不同的数字技术和应用程序来解决这些问题。

（3）对数字技术进行适当的技术改造。在数字技术的实施过程中，经常需要对数码技术进行一定的改造，以实现更好的适应性和应用效果。例如，农业生产者可以根据传感器的应用需求对其进行一定的改造以增加传感器的精度和灵敏性。

（4）进行培训和普及。数字技术在农业生产中的应用需要一定的技术和管理能力支持，因此需要对相关人员进行培训，以提高数字化应用的效果。

二、数字产业化的内涵

数字产业化的本意是将数字进行产业化形成数字产业。与产业数字化侧重传统产业融入数字成为数字融合产业在逻辑上相通，“数字产业化”强调数字技术（及其产生的产品与服务）和数据要素的产业化，推动数字经济的发展。

国家统计局最新定义的数字产业化是指，为产业数字化发展提供数字技术、产品、服务、基础设施和解决方案，以及完全依赖数字技术、数据要素的各类经济活动。从数字经济产业构成来看，包括电子商务、互联网信息服务、数字媒体和内容产业、软件和信息技术服务、互联网基础设施、人工智能和大数据、通信设备和服务以及其他数字化产业。数字产业化包括但不限于 ICT 产业（包含集成电路）、软件、云计算、大数据、区块链、5G 等技术、产品及服务。

（一）云计算

云计算是将大量的计算资源、数据和应用程序，通过互联网集中存储和管理，依托虚拟化技术，通过在大量的物理机器上虚拟出多台虚拟机，将计算资源集中到一个统一的平台，再交由计算资源共享池进行搜寻、计算及分析后，将处理结果回传给用户，为用户提供了可以按需获取的弹性资源和架构。用户按需付费，从云上获得需要的计算资源，包括存储、数据库、服务器、应用软件及网络等，大大降低了使用成本。

云计算具有集约建设、资源共享、规模化服务、服务成本低等优势，是数字经济时代的主要计算模式，为传统行业的数字化转型、国家发展数字经济提供了坚实的基础设施保障。发展至今，云计算已经成为新型基础设施的关键支撑技术。

（二）大数据

大数据指的是在高速数据流中不断产生和累积的，往往无法处理的庞大数据集合。大数据的处理需要借助于计算机和先进的数据处理技术，来快速、高效地分析这些数据并提取有用的信息，以便为决策制定、商业运营、科学研究等领域提供支持。大数据是在数据量、速度和种类方面超出传统数据处理能力范围的数据，它的出现和应用，推动着我们走向信息化和数字化时代。

在数字经济中，大数据的应用可以提高企业的生产效率和管理效率，降低成本，增加收入，从而推动数字经济的发展。在生产环节，可以帮助企业制订生产计划和进行生产调度，通过对大数据的分析，我们可以找出生产过程中存在的问题，并及时进行处理和优化，从而提高生产效率和降低成本。在管理环节，大数据可以帮助企业进行数据分析，了解企业的运营情况，从而制定更好的管理策略，提高管理效率和减少管理成本。在营销环节，大数据可以帮助企业进行市场分析和产品定位，了解消费者的需求和偏好，从而制定更好的营销策略，提高营销效率和增加销售收入。在服务环节，大数据可以帮助企业分析客户数据，了解客户需求和反馈，从而提供更加个性化和优质的服务，增强客户满意度和忠诚度。

（三）人工智能

人工智能是一种模拟人类智慧和思维能力的技术，通过模拟大脑神经网络以及机器学习等算法，使得计算机程序能够自主地进行感知、理解、推理、决策等，具备类似于人类智能的特点。简单来说，人工智能就是让机器像人类一样具备思考、学习和判断的能力，从而实现自主决策，帮助人类解决各种问题和挑战。随着人工智能相关技术的成熟以及在不同应用场景的落地（见表 1-2），人工智能在智能安防、教育、家庭、医疗、驾驶和金融等领域进入规模化应用阶段。

表 1-2　人工智能十大应用场景

应用场景	概念	应用现状
智慧农场	能够实现作业流程少人化、生产全流程数字化农业项目	针对大田、经济型作物等农作物生产过程，在土壤肥力判断、土壤治理、种植管理、巡田管理、农资管理、农事作业、产量监控、收获等关键节点，运用物联网、云计算、大数据、信息化系统等技术，实现土壤肥力监控、农机轨迹监测、生产协同、规模化作业、精准气象预报、病虫害预警等场景的应用，实现种植业管理精准化以及降本增效的目的
智能港口	通过信息技术、自动化技术和智能化设备等手段，实现港口的数字化和智能化管理	针对港口的物流、信息和资源进行管理和优化，以提高港口的效率、安全性和可靠性，通过自动化设备和传感器等实现对货物、车辆、船只等物流运输过程的实时监控和管理，同时通过信息化手段提供智能化服务，提高港口运行效率和信息处理速度，大大降低了操作成本和人力成本
智慧矿山	通过主动感知、自动分析矿山生产、人员职业健康与安全、技术和后勤保障等手段实现矿山的数智化管理	采用先进的传感器、监控系统、无人机、机器人等智能设备，通过互联网技术和大数据分析等手段，实时监测和管理矿山生产过程中的各种信息，包括掘进、矿石运输、矿山设备状态、环境监测等，从而优化资源管理和生产过程，提高效率和质量。此外，智慧矿山还可以大幅节约能源和材料消耗，同时减少对环境的影响，提高附加值和可持续性。这种智能化管理方式能够创造更高的经济、社会和环境效益，是矿山领域的一项重要技术革新
智能工厂	利用各种现代化的技术，实现工厂的办公、管理及生产自动化	针对制造业工厂中生产管理、过程控制、工况寻优、设备管理、安全管理等业务环节，运用数字孪生技术、柔性生产、数据模型分析等技术，形成具有行业特色、可复制推广、可根据市场需求进行生产的，能大幅提升生产的灵活性和适应性的示范应用
智慧家居	由家用电子设备、网络技术等技术驱动的个性化家居集成系统	针对未来家庭生活中家庭设备、家居产品实现智能化控制和联网互动，提高家居生活的便捷性、安全性和舒适性。核心是借助于智能家居中枢设备或手机 App 等终端，通过互联网传输和处理各种家居设备的信息，从而实现对家居环境的自动控制、语音控制、远程监控和智能提醒等功能，例如智能灯光、智能音响、智能锁、智能电视、智能电器、智能窗帘等智能化的家居设备

续表

应用场景	概念	应用现状
智能教育	利用智能技术加快人才培养模式、教学方法改革，构建包含智能、交互式学习的新型教育体系	智能化的学习平台、智能化的教学工具和资源，以及智能化的教学方法和评估手段，能够更好地满足学生的学习需求和提高学生的学习效果
自动驾驶	利用人工智能和传感器等技术使汽车能够在无人操控的情况下自动行驶，提高道路交通的安全性、效率和便利性	自动驾驶技术基于多种传感器（如摄像头、雷达、激光雷达等）来获取车辆周围的环境信息，并利用人工智能算法对这些信息进行实时分析和决策。通过控制车辆的加速、刹车、转向等，自动驾驶系统能够在遵守交通规则的基础上自主地规划路径、感知周围的交通状况并做出相应动作。自动驾驶技术的发展可以改善交通拥堵，提高交通安全性，减少交通事故；此外，还可以提高交通效率，节约能源。另外，自动驾驶技术也可以为驾驶人员提供更多的便利，使驾驶更加轻松、舒适
智能诊疗	利用人工智能和相关技术来辅助医生进行疾病诊断和做出治疗决策	在放射影像诊断、病理学分析、基因组学研究等领域广泛应用，帮助医生提高疾病诊断的准确性和效率，降低医疗错误的风险，减少人为主观因素对诊断结果的影响。智能诊疗还可以提供基于患者个体化特征的精准治疗方案，为患者提供更为个性化、有效的治疗策略。这对改善医疗质量、提高患者治疗效果具有重要意义
智慧法院	以数据开放共享和安全可信为基础，运用信息技术，形成促进司法审执公正化和法院管理高效化的信息化系统	针对诉讼服务、审判执行、司法管理等法院业务领域，运用非结构化文本语义理解、裁判说理分析推理、风险智能识别等关键技术，加强庭审笔录自动生成、类案智能推送、全案由智能量裁辅助、裁判文书全自动生成、案件卷宗自适应巡查、自动化审判质效评价与监督等智能化场景的应用示范，有效化解案多人少矛盾，促进审判体系和审判能力现代化
智慧供应链	通过运用先进的技术和智能化的系统，对供应链各个环节进行集成、优化和管理，以提高整体供应链的效率、可靠性和灵活性	智慧供应链的核心概念包括物联网、大数据分析、人工智能、区块链等技术的应用

（四）区块链

区块链是分布式数据存储、点对点传输、共识机制、加密算法等计算机技术的新型应用模式。通俗来讲，就是一个个区块按照时间顺序组成链条，区块之间通过索引连接，形成一个不可篡改的链状数据结构，实现去中心化的数据交换和存储，提高数据的安全性、透明度和效率。核心特点包括匿名性、开放性、可追溯、不可篡改、去中心化、集体维护。区块链核心技术及其主要内容见表1-3。

表1-3　区块链核心技术及其主要内容

核心技术	主要内容
块链式数据结构	一段时间内发生的事务处理以区块为单位进行存储，并以密码学算法将区块按时间先后顺序连接成链条的一种数据结构。当一个区块形成之后，便会形成这个区块的区块哈希，包含在这个区块的区块头里，同时包含的还有父区块的哈希、形成区块的时间戳、默克尔树（公链有），而这个区块上一个区块便称为它的父区块，并且索引会指向父区块。这样的块链式存储结构保证了区块中的数据无法被篡改
点对点通信	点对点通信技术，又称对等式网络（简称P2P），是无中心服务器、依靠用户群交换信息的互联网体系，它的作用在于，减少以往网络传输中的节点，以降低资料遗失的风险。区块链至少需要3个节点，相互之间通过P2P协议进行通信，分布式存储算力可以分布到各存储终端。因为非中心化存储，并且每个节点（全节点）都存有一套相同的存储数据，如果要对存储的数据进行篡改，那么就要对2/3的节点进行篡改，使篡改成本进一步提高
密码学	是数学的一个分支，加密算法主要分为对称加密和非对称加密。算法加密和解密使用相同的密钥称为对称加密。密码学包含对称加密、非对称加密、哈希算法。区块链大量采用非对称加密，每个区块链用户都会获得一对公私钥，公钥类似于用户的账号，私钥类似于密码需妥善保存。应用密码学保证了数据的隐私性，在当前数据被滥用、用户隐私被肆意侵犯的情况下，密码学对用户数据的重要性将会越来越高
签名	即数字签名，是电子签名的一种特定形式，指利用非对称加密，将私钥信息附着在电子信息、文件上。验签即验证签名信息，在这里即利用公钥对私钥进行验证，如果两者匹配，即验证成功
分片共识	在各自的分片里，分片节点对被分配的交易进行共识。将网络和交易都进行分片，网络分成若干个片区，每个片区都有一组可完整共识的节点。共识开始时，将交易传给网关节点，网关节点将交易放到交易池中，分片后分组分发给各片区，分片节点共识后形成初步区块，传给委员会节点。委员会节点也承担自己片区的共识任务，最终区块在全网同步

（五）VR/AR 技术

VR 是虚拟现实技术，其通过计算机生成具有逼真感的仿真环境，让用户可以有身临其境的虚拟体验；AR 是增强现实技术，是一种可实时地计算摄影机影像的位置及角度并加上相应图像、视频、3D 模型的技术。虚拟技术通过使用计算机生成的图像、声音、触觉等模拟人类感官，将用户置于虚拟环境中，让用户能够与虚拟世界进行交互。与真实世界不同，虚拟技术可以创造出超越现实的想象空间，使用户能够参与和体验虚拟世界中的各种活动。

虚拟技术借助于沉浸式技术和交互式体验，实现了“三维式、主动式、互动型”的新模式，催生数字经济各类新业态，不断拓展医疗、文旅、教育、电影、电竞、直播等行业的应用。诞生了元宇宙这一新兴概念，元宇宙本质上是对现实世界的虚拟化、数字化，可以看作一个巨大的、并行于现实世界的数字空间，其中的虚拟世界可以与现实世界互动和融合。通过元宇宙，用户可以虚拟形象在虚拟世界中进行社交、工作、学习、游戏等活动，与其他用户进行实时互动，同时也可与现实世界进行连接。在元宇宙中，个人可以自由地探索虚拟环境、参与虚拟活动，并与其他用户进行虚拟交互。人们可以在元宇宙中购买虚拟商品、建立虚拟财产、参与虚拟经济，并且可以借助于元宇宙提供的技术实现远程协作、虚拟旅游、远程会议等。

（六）数字孪生

数字孪生是以物理实体或系统为基础，收集和整合大量的数据来创建一个虚拟的实体或系统。这个虚拟的实体与物理实体具有相同的性能和特征，可以在数字环境中进行测试、分析和优化。数字孪生作为数字经济当中一项关键技术和高效能工具，可以有效发挥其在模型设计、数据采集、分析预测、模拟仿真等方面的作用，助力推进产业数字化，促进数字经济与实体经济融合发展，在智慧城市、智慧建筑、智慧医疗、工业制造等场景中，得到越来越广泛的应用（见表 1-4）。

表 1-4　数字孪生技术的应用领域

场景	应用现状
工业制造	设备优化和预测性维护：数字孪生技术，可以对设备进行模拟和测试，从而优化设备的性能和操作。此外，数字孪生技术还可以通过监测设备的数据并应用机器学习算法来预测和预防设备故障，实现预测性维护。 生产过程优化：数字孪生技术，可以实时模拟和优化生产过程。收集实时数据并应用分析技术，可以发现潜在的瓶颈和优化机会，以提高生产效率和降低生产成本。 产品设计和测试：数字孪生技术可以用于创建产品的虚拟模型，以进行设计和测试。模拟产品的性能和行为，可以在实际制造之前发现并解决潜在的问题，从而降低开发成本和提高产品质量。 能源管理：数字孪生技术可以帮助企业监测和优化能源的使用。模拟和分析能源的消耗和效率，可以找到节能的机会并制定优化方案，以减少能源成本和环境影响。 供应链管理：数字孪生技术可以用于模拟和优化供应链的运作。收集和分析供应链的数据，可以优化订单管理、库存控制和物流运作，以提高供应链的效率和准确性
智慧医疗	在健康医疗上，通过数字孪生技术可构建医院的数字孪生体，通过各种传感器设施以及数字化系统的建设让患者能以最少的流程完成就诊，提高医生的诊断准确率，实现患者身体状况预测预警、医生远程会诊等现代化医疗技术手段。数字孪生技术与医疗服务相结合，加速科研创新向临床转化，提高医疗诊断效率，优化对医疗设备质量的控制和监督
智慧城市	构建城市的数字孪生体，以定量和定性相结合的形式，在数字世界中模拟天气环境、基础设施、人口、工业交通等要素的交互运行，绘制“城市肖像”，帮助决策者在物理世界完善城市规划。对于城市建设、规划和管理运营十分重要
智慧交通	在交通运输方面，数字孪生技术可以帮助决策者更好地了解交通系统的运作方式和瓶颈问题。数字孪生模型可以模拟交通流量和拥堵情况，以帮助决策者制定更好的交通政策和规划。数字孪生模型技术可帮助铁路或道路运输系统发挥其最大使用价值。可以应用数字孪生模型来整体规划、设计方案和建设网络，在经营期内运用数字孪生模型，可增强铁路或交通运输业安全性、稳定性
智慧建筑	随着建筑业的转型升级，利用数字孪生虚拟建筑体和能源建模技术可改变建筑物的设计、管理和维护。如通过各类传感器和智能感知技术应用，收集实体建筑实时能耗数据，并参考建筑设计、暖通空调系统、照明系统、供电系统以及天气实时数据，经过精细计算，为建筑业主提供各种设备使用的优化方案，从而降低能源消耗

（七）物联网

物联网是基于互联网的延伸，实现万物互联，使用信息传感物理设备，按照约定的协议把任何物品与互联网连接起来进行信息交换的网络，以实现物理生产环境的智能化识别、定位、跟踪、监控和管理。物联网的本质概括起来主要体现在三个方面：一是互联网特征，即对需要联网的“物”一定要能够实现互联互通；二是识别与通信特征，即纳入物联网的“物”一定要具备自动识别与物物通信的功能；三是智能化特征，即网络系统应具有自动化、自我反馈与智能控制的特点。

物联网是未来数字经济得以发展的最底层信息基础设施，为数字经济的发展提供一手精准的、实时的数据，如5G基站建设、IDC数据中心等。

（八）5G

5G即第五代移动通信技术，其不仅是新一代的移动通信技术，更是未来实现万物互联的基础，智慧城市、工业互联网、车联网等各种5G应用场景将越来越多地出现和普及，成为数字经济发展的重要驱动力。

5G与新一代信息技术深度融合，将连接人和万物，成为数字经济发展的关键基础设施。5G以超高可靠性、超低时延的卓越性能，将在工业、农业、教育、文化、科技等行业广泛应用，并成为经济社会数字化转型的关键基础设施，全面推动数字经济发展迈上新台阶。

政策篇

第二章 国内外数字经济政策

第一节　国内主要地区数字经济政策发展梳理

一、国家层面数字经济相关政策及动态

本部分主要从国家领导人数字经济相关讲话、国家层面数字经济相关政策、国家层面数字经济相关法律法规三方面列出了数字经济相关政策动态并对相关政策进行解析。

从 2012 年开始，国家出台了一系列文件，对云计算、宽带中国、“互联网”和大数据、智能制造进行规划；2015 年我国提出“国家大数据战略”，推进数字经济发展和数字化转型的政策不断深化和落地；2017 年开始对共享经济、工业互联网、数字经济进行部署，在开展数字基础设施建设、加快行业信息化、鼓励竞争、降低税费、实行补助、政府采购、推动国际合作等方面制定了政策，同时“数字经济”连续四年被写入《政府工作报告》；2020 年《政府工作报告》明确提出要继续出台支持政策，全面推进“互联网+”，打造数字经济的新优势，同时还推出了“数字化转型伙伴行动”，专门为中小企业提供数字化转型共性解决方案。2021 年出台的“十四五”规划明确提出，“十四五”时期发展的主要目标之一是我国数字经济核心产业增加值占 GDP 比重要从 2020 年的 7.8%提升至 2025 年的 10%。与“十三五”规划相比，“十四五”规划在数字经济的目标制定上更为具体。以此推算，2020 年我国 GDP 约为 101.4 万亿元，其中数字经济产业增加值约为 7.9 万亿元，假设 2020—2025 年我国 GDP 年均复合增速为 4.5%，则 2025 年我国数字经济产业增加值目标约为 12.6 万亿元，对应 2020—2025 年数字产业增加值年均复合增速约为 9.8%。

国家数字经济政策发展历程及 2015—2020 年国家层面数字经济行业发展政策汇总如图 2-1、表 2-1 所示。

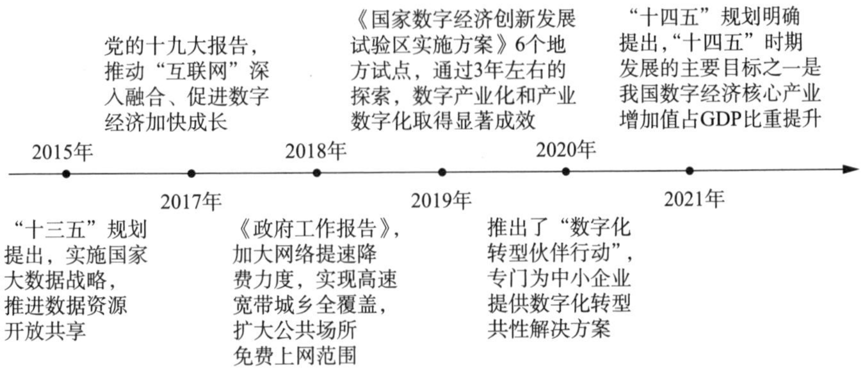

图 2-1　国家数字经济政策发展历程

表 2-1　2015—2020 年国家层面数字经济行业发展政策汇总

时间	政策/会议	内容
2015 年 11 月	“十三五”规划	实施国家大数据战略，推进数据资源开放共享
2017 年 10 月	党的十九大报告	加强应用基础研究，拓展实施国家重大科技项目，突出关键共性技术、前沿引领技术、现代工程技术、颠覆性技术创新，为建设科技强国、质量强国、航天强国、网络强国、交通强国、数字中国、智慧社会提供有力支撑
2017 年 12 月	中共中央政治局第二次集体学习	推动实施国家大数据战略，加快完善数字基础设施，推进数据资源整合和开放共享，保障数据安全，加快建设数字中国
2019 年 8 月	《关于促进平台经济规范健康发展的指导意见》	首次从国家层面对发展平台经济做出全方位部署，提出要依法查处互联网领域滥用市场支配地位限制交易、不正当竞争等违法行为，重点强调严禁平台单边签订排他性服务提供合同，针对互联网领域价格违法行为特点制定监管措施等
2019 年 9 月	《禁止垄断协议暂行规定》《禁止滥用市场支配地位行为暂行规定》《制止滥用行政权力排除、限制竞争行为暂行规定》	在技术细节上，一是明确了市场份额认定的指标范围；二是规定了认定具有市场支配地位的特殊考虑因素；三是规定了以低于成本价格销售商品特殊情形，对涉及互联网等新经济业态中的免费模式，应当综合考虑经营者提供的免费商品以及相关收费商品等情况

续表

时间	政策/会议	内容
2019 年 10 月	《国家数字经济创新发展试验区实施方案》	在河北省（雄安新区）、浙江省、福建省、广东省、重庆市、四川省等启动国家数字经济创新发展试验区创建工作。通过 3 年左右探索，数字产业化和产业数字化取得显著成效。明确将数据作为一种新型生产要素写入政策文件。提出加快培育数据要素市场，推进政府数据开放共享，提升社会数据资源价值，加强数据资源整合和安全保护
2019 年 11 月	党的十九届四中全会	推进数字政府建设，加强数据有序共享，依法保护个人信息
2020 年 4 月	《关于构建更加完善的要素市场化配置体制机制的意见》	大力培育数字经济新业态，深入推进企业 N 字化转型，打造数据供应链，以数据流引领物质流、人才流、技术流、资金流，形成产业链上下游和跨行业融合的数字化生态体系
	《关于推进“上云用数赋智”行动　培育新经济发展实施方案》	实施国家大数据战略，推进数据资源开放共享
2020 年 7 月	《关于支持新业态新模式健康发展　激活消费市场带动扩大就业的意见》	培育产业平台化发展生态，加快传统企业数字化转型步伐，打造跨越物理边界的“虚拟”产业园和产业集群，发展基于新技术的“无人经济”

二、地方层面数字经济相关政策及动态

截至 2023 年 1 月 30 个省份数字经济行业发展政策汇总见表 2-2。

表 2-2　截至 2023 年 1 月 30 个省份数字经济行业发展政策汇总

区域	省份	时间	政策	重点内容
西部地区	新疆	2017 年 8 月	《自治区“十三五”科技创新发展规划》	按照创新驱动发展三步走战略部署，到 2030 年，新疆总体创新水平进入我国西部创新型省区前列，成为中亚西亚地区具有带动影响力的科技创新中心。到 2050 年，把新疆建设成为丝绸之路经济带上独具优势的科技强区

续表

区域	省份	时间	政策	重点内容
西部地区	贵州	2018年2月11日	《贵州省实施“万企融合”大行动打好“数字经济”攻坚战方案》	围绕国家大数据战略和“数字贵州”建设，以应用为核心，深化云计算、量子通信、人工智能等新一代信息技术在实体经济中的创新融合，运用大数据手段推进全产业链、全生命周期以及企业研发、生产、销售、服务各环节优化重组，持续改造提升传统产业，不断培育壮大新业态，促进实体经济向数字化、网络化、智能化转型，由投资驱动、资源驱动向数据驱动、知识驱动转变，推动经济发展质量变革、效率变革、动力变革，为全省实施大数据战略行动、推进国家大数据综合试验区建设、加快转型升级和新旧动能转换提供强大支撑
	四川	2019年8月	《四川省政府关于加快推进数字经济发展的指导意见》	到2022年，全省数字经济总量超2万亿元，成为创新驱动发展的重要力量。数字经济核心产业规模不断壮大，电子信息产业在全省经济高质量发展中核心支撑作用更加凸显。数字经济与实体经济融合发展水平显著提高，两化融合总指数超90%。提升数字化治理能力，为数字经济活跃发展营造良好环境
	云南	2019年12月24日	《关于加快构建现代化产业体系的决定》	提出强化优势产业领先地位，抓紧布局战略性新兴产业、未来产业；重点培育以先进制造业、旅游文化业、高原特色现代农业、现代物流业、健康服务业等为重点的万亿元级支柱产业和绿色能源、数字经济、生物医药、新材料、环保、金融服务业、房地产业、烟草等为重点的千亿元级优势产业
	陕西	2020年5月11日	《陕西省数字经济产业发展引导目录（2020版）》	明确了数字基础设施建设、数字产业化、产业数字化、数字丝绸之路建设和数字经济人才培养等5个领域，以及国家级互联网骨干直联点，面向“一带一路”沿线国家的国际互联网转接点、国际互联网交换中心、国际通信专用通道建设等122类数字经济产业类别，是陕西省数字经济领域规划编制、产业发展、技术转化、合作落地、招商引资等的重要指引

续表

区域	省份	时间	政策	重点内容
西部地区	青海	2020年5月20日	《青海省数字经济发展实施意见》《青海省数字经济发展规划》	提出构建独具青海特色的“1119”数字经济发展促进体系，基本完成“一核三辅”数字经济布局搭建，形成“主题鲜明、重点突出、覆盖全面”的管理体系；“数字政府”建设实现创新应用，提高政府业务和决策效率；高速、移动、安全、泛在的新一代信息基础设施更加完善；数字产业进一步发展，产业数字化进一步深入
	宁夏	2020年5月29日	《2020年江苏宁夏数字经济合作重点工作》	一是建设运行江苏宁夏数字经济合作平台。二是推进项目合作，建成或引进5个左右工业互联网行业平台，100个以上优秀工业App，5个左右大数据、人工智能试点示范项目等。促成3~5家江苏企业在西部云基地建设数据中心或租用服务器，形成“江苏云”。三是加强交流协作，组织参加江苏省大数据产业发展论坛、第十六届中国（南京）软博会、第六届“i创杯”互联网创新创业大赛巡回路演（宁夏）和2020中卫云天大会等活动。四是开展园区对接和技术攻关活动
	西藏	2020年6月20日	《西藏自治区数字经济发展规划（2020—2025年）》	鼓励电子商务与快递企业开展业务合作，引导电子商务平台企业与快递企业开展乡镇综合运输服务站、农村电商综合服务站点等建设。积极整合商务、交通、快递等
	重庆	2020年6月24日	《重庆建设国家数字经济创新发展试验区工作方案》《重庆市建设国家新一代人工智能创新发展试验区实施方案》	重庆将用3年左右时间，围绕制约数字经济创新发展的关键问题，大力开展改革创新、试点试验。力争到2022年，数字经济总量达到万亿元级规模，占GDP比重达到40%以上。到2022年，重庆人工智能新型基础设施保障体系和政策支撑体系基本建成，人工智能应用示范取得显著成效，人工智能技术创新和产业发展进入全国第一方阵
	甘肃	2020年11月20日	《甘肃省“上云用数赋智”行动方案（2020—2025年）》	到2025年，通过技术支持、业务指导、产业孵化、行业研究、活动组织、示范推广等方式服务超过1000家企事业单位。促进企业研发设计、生产加工、经营管理等业务数字化转型，部分行业数字化水平达到西北地区领先，数字经济规模总量实破5000亿元，成为西部“上云用数赋智”第一梯队省份

续表

区域	省份	时间	政策	重点内容
中部地区	广西	2018年9月17日	《广西数字经济发展规划（2018—2025年）》	到2025年，全区发展形成具有较强核心竞争力的数字经济生态体系，带动实体经济实现大幅跃升，国际影响力显著增强，成为面向东盟的数字经济合作发展新高地、数字经济开放合作的重要门户标杆
	安徽	2018年11月23日	《支持数字经济发展若干政策》	支持数字创新，加强市场培育，大力培育数字经济平台，推动“皖企登云”。打造数字经济产业生态，建设数字经济特色园区，构建数字技术应用生态。大力发展“数字+”社会服务，推广智慧学校、智慧医疗、智慧养老。加快发展“互联网+政务服务”，完善信息基础设施等
	山西	2019年9月12日	《山西省加快推进数字经济发展的实施意见》《山西省加快推进数字经济发展的若干政策》	到2022年，全省数字经济创新发展基础进一步筑实。网络基础设施建设不断完善，公共领域数据资源共享开放机制建立健全，省级智能工厂、数字化车间实现“双百”目标，集聚1~2个在特色领域具有国际影响力和一批具有区域竞争力的数字经济领域企业，信息产业保持高速增长，数字经济规模突破5000亿元。到2025年，全省数字经济迈入快速扩展期。先进泛在的数字基础设施基本建成，数字经济与社会各行业领域深度融合，培育2~3个具有国际影响力、若干具备国内牵引性、一批区域竞争力强的数字经济领域企业，打造一批产业集聚度高、规模效益显著的数字产业基地。与数字经济相适应的政策法规和制度体系建立完善，多元协同共治体系基本形成，全民数字素养明显提升，数字经济规模达到8000亿元
	河南	2019年10月4日	《河南省数字经济发展重大工程》	一是在数字基础设施建设工程上，加快重大信息网络基础设施和新型数字基础设施建设。积极部署数字经济新业态试验设施。加快工业互联网基础设施建设。二是在数据资源共享开放工程上，推进政务数据资源共享开放，推动社会数据资源共享开放，鼓励数据资源有序流通。三是在产业集聚发展工程上，加快产业园区建设，引进培育龙头企业，壮大创新型中小企业。四是建设网络信息安全保障工程等

续表

区域	省份	时间	政策	重点内容
中部地区	吉林	2019年11月16日	《关于以数字吉林建设为引领加快新旧动能转换推动高质量发展的意见》	推进数字吉林建设，必须突出关键环节，着力推进“五大任务”、实施“十大工程”、落实“十大工作举措”。既坚持产业数字化，利用数字新技术新应用加快对传统产业全方位、全角度、全链条的改造，做到“有中生新”，又坚持数字产业化，依靠信息技术创新驱动，不断催生新技术新产业新业态新模式，做到“无中生有”
	湖南	2020年1月18日	《湖南省数字经济发展规划（2020—2025年）》	经过规划期的努力，全省数字经济实力显著增强，数字产业化和产业数字化水平进入全国先进行列，数字经济基础设施能力全面提升，数字治理体系初步完善，湖南成为全国数字经济创新引领区、产业集聚区和应用先导区。到2025年，数字经济规模进入全国前10强，突破25000亿元，年均复合增长率保持在15.8%以上；数字经济占GDP比重达到45%，其中数字产业化总量突破7500亿元，产业数字化总量突破17500亿元
	内蒙古	2020年3月10日	《内蒙古自治区人民政府关于推进数字经济发展的意见》	到2025年，全区数字基础设施进一步完善，产业融合创新取得重大进展，数字化治理能力有较大提高，数字化公共服务能力进一步增强，数字经济对国民经济发展的先导作用和推动作用得到有效发挥
	江西	2020年4月22日	《江西省数字经济发展三年行动计划（2020—2022年）》	顺应新一轮信息技术和科技革命发展浪潮，以数字产业化和产业数字化为主线，以数字化应用为牵引，以制度供给创新为保障，统筹谋划，整体跟进，重点突破，着力实施八大行动，加快构建全省数字经济生态体系。通过3年的努力，全省数字经济发展水平明显提升，“物联江西”“智联江西”加快建设，部分领域走在全国前列。到2022年底，全省数字经济增加值年均增速26%以上，达到1.5万亿元以上，力争成为全国移动物联网示范应用的标杆区、全国产业数字化转型的先行区、全国数字终端制造的集聚区、全国数字化治理应用的示范区、世界级虚拟现实（VR）中心，打造全国数字经济发展新高地
	湖北	2020年6月17日	《加快发展数字经济培育新的经济增长点若干措施》	首次针对数字经济发展制定专项支持政策，明确提出要大力发展新一代信息基础设施，实施5G“万站工程”，连续3年对新建5G宏基站给予补贴，加强数据中心建设，统筹全省大数据中心建设布局

续表

区域	省份	时间	政策	重点内容
东部地区	天津	2019年6月3日	《天津市促进数字经济发展行动方案（2019—2023年）》	到2023年，初步形成智能科技创新能力突出、融合应用成效显现、数字经济占国内生产总值比重全国领先的发展新格局，数据成为关键生产要素，数字化转型成为实现天津高质量发展的主导力量，力争把滨海新区打造成为国家数字经济示范区。 ——智能化基础设施达到国内先进水平 ——智能型先导和支柱产业规模达到国内先进水平 ——产业数字化转型成为全国示范 ——数字化公共服务供给能力显著增强 ——数字经济开放发展优势基本形成 ——数字经济现代市场体系初步建成
	山东	2020年4月18日	《山东省省级数字经济园区管理办法（试行）》	明确数字经济园区建设指标，覆盖省级园区建设前、中、后期的重要时间节点，全面指导省级园区建设。据了解这是全国首个省级数字经济园区管理办法和建设指标，将为山东省数字经济园区的规范化申报、遴选、建设提供基本遵循
	河北	2020年4月19日	《河北省数字经济发展规划（2020—2025年）》	到2025年，全省数字技术融合创新及信息产业支撑能力显著增强。电子信息产业主营业务收入突破5000亿元；产业数字化进入全面扩张期；两化融合指数达到94%，全员劳动生产率达到11万元/（人·年）以上
	福建	2020年5月29日	《2020年数字福建建设工作重点》	福建省将在2020年加快新基建建设，强化数据中心和数据资源整合汇聚、实施一批数字产业化和产业数字化示范项目、推进一批数字产业载体建设
	海南	2020年8月14日	《智慧海南总体方案（2020—2025年）》	聚焦于推动新型工业、热量农业等优势产业数字化、智能化转型升级。做优做强互联网、大数据、区块链、人工智能、信息安全、电子竞技等数字新产业。推动离岸创业创新和数据跨境服务，打造法治化、国际化、便利化营商环境，建成立足南海、辐射21世纪海上丝绸之路沿线国家的开放型数字经济创新高地

续表

区域	省份	时间	政策	重点内容
东部地区	北京	2020 年 9 月 22 日	《北京市促进数字经济创新发展行动纲要（2020—2022 年）》	北京将体系化构建数字经济发展体制机制，实施基础设施保障建设工程、数字技术创新筑基工程、数字产业协同提升工程、农业工业数字化转型工程、服务业数字化转型工程等 9 项重点工程。到 2022 年，北京市数字经济增加值占地区 GDP 比重达到 55%
	辽宁	2020 年 10 月 22 日	《辽宁省数字经济发展规划纲要》	“十四五”期间，辽宁省数字经济规模计划年均增长 10%，至 2025 年全省数字经济规模占 GDP 比重将达 45%
	江苏	2020 年 11 月 13 日	《关于深入推进数字经济发展的意见》	到 2025 年，江苏数字经济发展水平位居全国前列，数字产业集群能级跃升，数字经济核心产业增加值占地区生产总值比重达到 13.5%左右，制造业数字化转型全国示范，服务业数字化国内领先，数字政府建设水平全面提升，数据要素市场体系初步建立，数字技术创新体系基本形成。到 2035 年，数字经济整体发展水平进入世界先进行列，数据要素价值充分释放，形成一批国际领先的数字经济产业集群，数字经济成为引领江苏经济转型发展的重要引擎
	广东	2020 年 11 月 28 日	《广东省建设国家数字经济创新发展试验区工作方案》	到 2022 年，全省数字经济增加值力争突破 6 万亿元，占 GDP 比重超过 50%，在数据要素高效配置、数字经济核心技术相关等方面实现新突破。数据作为关键生产要素的价值进一步实现，数字经济发展取得新进展，电子信息制造业营业收入达到 5 万亿元，软件和信息服务业收入超过 1.4 万亿元
	浙江	2020 年 12 月 22 日	《浙江省国家数字经济创新发展试验区建设工作方案》	到 2022 年，数字经济增加值达到 4 万亿元以上，占全省 GDP 比重超过 55%，基本建成全国领先的数字政府先行区、数字经济体制机制创新先导区、数字社会发展样板区、数字产业化发展引领区和产业数字化转型标杆区
		2020 年 12 月 30 日	《浙江省数字经济促进条例》	全国首部促进数字经济发展的地方性法规
	上海	2021 年 1 月 4 日	《关于全面推进上海城市数字化转型的意见》	加快推动数字产业化、产业数字化，放大数字经济的辐射带动作用，做优、做强城市核心功能；助力“五型经济”发展

三、我国已出台的数字经济政策的特点

（一）我国数字经济国省二级政策体系基本成形

到2020年底，我国34个省（自治区、直辖市）除新疆、宁夏及港澳台地区，其余地区均出台了数字经济专项政策，包括数字经济发展行动计划、产业规划、补贴政策等60余项，新疆、宁夏在《政府工作报告》中也提到了支持数字经济发展，我国数字经济国省二级政策体系基本成形。

（二）政策集中爆发，多以行动计划为主

截至2020年底，我国60余项与数字经济相关的政策中，有约65%的政策是在2019年后提出的，2020年各地方颁布的数字经济相关政策数量占比最高达到37%。

（三）出台的政策侧重布局数字要素市场

2020年7月，国家发展改革委等13部门联合发布《关于支持新业态新模式健康发展　激活消费市场带动扩大就业的意见》，指出坚持推动高质量发展，坚持以供给侧结构性改革为主线，深入实施数字经济战略。把支持线上线下融合的新业态新模式作为经济转型和促进改革创新的重要突破口，打破传统惯性思维。从问题出发深化改革、加强制度供给，更有效发挥数字化创新对实体经济提质增效的带动作用，推动“互联网+”和大数据、平台经济等迈向新阶段。以重大项目为抓手创造新的需求，培育新的就业形态，带动多元投资，形成强大国内市场，更好地满足人民群众对美好生活的新期待，推动构建现代化经济体系，实现经济高质量发展。

（四）因地制宜发展数字经济

在国家宏观政策指导背景下，各级政府纷纷将发展数字经济作为推动经济高质量发展的重要举措，陆续出台了基于各地方特点的数字经济政策。例如，贵州省充分利用发展大数据得天独厚的自然条件打造了地区新名片。贵州省以大数据改造提升传统产业，培育壮大新兴产业，不断增强创新驱动能力，推动经济社会实现跨越式发展。贵州省深入实施大数据战

略行动：一是将大数据提升到贵州省发展战略层面；二是实施大数据战略行动，拓展信息经济新空间；三是发展大数据产业三类业态，包括大数据核心业态、大数据关联业态、大数据衍生业态；四是建设大数据中心，包括大数据内容中心、大数据服务中心、大数据金融中心、大数据创新中心；五是建设“云上贵州”系统平台。

浙江省杭州市以跨境电商为突破口，打造“数字经济第一城”。得益于长期发展的电商业务运营经验基础、周边生态和消费者基础，杭州市成为全国跨境电商发展“排头兵”。作为全国首个跨境电商综合试验区，杭州市立足通过深化创新引领数字贸易发展，助力构建“数字经济第一城”。杭州市跨境电商综合试验区创新发展“六体系两平台”，在全国率先构建“数字口岸”，促进无纸化申报、数据化监管、在线化服务。杭州市加大数据应用，完成对全市 1.45 万家企业基于贸易数据的信用评级，在全国率先构建跨境电商诚信体系，定期形成跨境电商信用、风险预警报告。新开通了杭州到里加和莫斯科的跨境电商全货机航线，支持阿里巴巴集团在杭州、吉隆坡、迪拜、莫斯科等地布局世界电子商务贸易平台智能物流枢纽，构建“杭州出发、通达全球”的智能物流体系。

第二节　世界主要国家数字经济政策发展梳理

本节主要列出了美国、英国、德国、俄罗斯、日本、印度等国家数字经济相关政策动态并对相关政策进行解析。

一、美国数字经济相关政策分析

美国把发展数字经济作为实现繁荣和保持竞争力的关键，陆续出台了《数字经济议程》《国家人工智能研究和发展战略计划》《国家网络战略》《数字贸易与美国的贸易政策》《数字政府战略》等政策，注重普及数字经济理念，全面提升国家的创新能力，推进人工智能研发与应用，加快智能制造产业发展，强化网络空间安全战略，促进数字贸易自由发展，推进数字政府治理进程，保障数字经济的国际主导地位。

（一）注重顶层战略与立法保障

早在20世纪90年代，美国联邦政府就相继推出了《制造业拓展伙伴计划》《国家技术转移和提升法案》等创新政策法案，率先构建国家创新系统和创新网络。这一系列创新政策法案注重创新的效益，将促进科技直接为经济发展服务。进入21世纪以来，美国立足高质量就业和经济可持续增长，不断升级创新政策，进入全面提升国家创新能力阶段。

（二）推进人工智能研发与应用

2016年，美国将人工智能上升到国家战略层面，先后发布了《国家人工智能研究和发展战略计划》《为人工智能的未来做好准备》。2018年3月，美国发布《美国机器智能国家战略报告》，提出六大国家机器智能策略，旨在通过对产品研究与开发的长期资金支持，促进机器智能技术安全发展，并通过加强创新基地建设以巩固美国的领先地位。同年，美国国防部拟制了《国防部人工智能战略》，借此推动人工智能技术和关键应用能力的发展，加快人工智能部署。2019年2月，美国总统特朗普签署行政命令启动“美国人工智能计划”，集中联邦政府资源发展人工智能。同年6月，美国发布了《国家人工智能研究和发展战略计划》，重新评估了联邦政府人工智能研发投资的优先次序。2019年8月，美国国家标准与技术研究院就政府如何制定人工智能技术和道德标准提出指导意见，发布了《美国人工智能的领导：联邦参与制定技术标准和相关工具的计划》。2020年1月，美国发布《人工智能应用监管指南备忘录（草案）》，提出了10项人工智能监管原则，意在为联邦政府对人工智能发展应用采取监管和非监管措施提供指引。

（三）加快智能制造产业发展

金融危机后，美国开始反思过度依赖金融和房地产等虚拟经济带来的弊端，出台了一系列政策支持“制造业回归”。奥巴马执政期间提出并实施了“制造美国”计划。2011年，美国发布《确保美国先进制造领导地位》报告。2012年，美国制定《先进制造业国家战略计划》。2013年1月，美国发布了《国家制造业创新网络：一个初步设计》。2014年12月，美国国会通过了《振兴美国制造业和创新法案2014》，成立先进制造国家计划办公室。2016年，美国发布了《智能制造振兴计划》；同年，又发布

《国家制造创新网络战略计划》，该计划围绕制造业领域展开，旨在创造一个具有竞争力的、有效的和可持续发展的从科研到制造的体系以提升美国制造的竞争力。2018 年发布了《美国先进制造业领导力战略》，指出通过创新推出新制造方法和新产品是美国经济实力的引擎和国家安全的支柱，旨在开发和转化新的制造技术，教育、培育和集聚制造业劳动力，同时增强国内制造供应链的能力。

（四）强化网络空间安全战略

美国将网络空间安全由“政策”“计划”提升为国家战略。1998 年 5 月，克林顿政府发布了《克林顿政府对关键基础设施保护的政策》。2000 年 1 月，美国发布了《信息系统保护国家计划》，提出网络空间安全发展规划。布什政府在“9 · 11 恐怖袭击事件”后意识到信息安全的严峻性，发布了第 13231 号行政令——《信息时代的关键基础设施保护》。2006 年 4 月，美国信息安全研究委员会发布了《联邦网络空间安全及信息保障研究与发展战略计划》。2009 年 2 月，奥巴马政府发布了《网络空间政策评估——保障可信和强健的信息和通信基础设施》报告。2017 年 5 月，美国总统特朗普签署了《加强联邦网络和关键基础设施的网络安全》行政令。2019 年 7 月，美国国防部发布了《数字现代化战略》，旨在快速推动国防部数字环境的现代化，应对大国竞争；同年 12 月，美国国家科学技术委员会发布了最新的《联邦网络空间安全研究和发展战略计划》，以指导美国网络安全研发投入的总体方向。

（五）促进数字贸易自由发展

美国商务部在 2014 年和 2018 年分别发布了《数字经济与跨境贸易：数字化交付服务的价值》和《北美数字贸易》报告，并在 2016 年启动“数字专员”项目，该项目旨在向美国企业提供支持和援助，为美国企业顺利参与全球数字经济发展提供保障，以打开全球数字经济的市场。此外，美国商务部从 2016 年起陆续向欧盟、中国、巴西、日本、印度等 12 个组织和国家派驻数字贸易参赞。2016—2018 年连续 3 年发布《外国贸易壁垒评估报告》，指出世界各国的数字贸易障碍。

（六）推进数字政府治理进程

1993 年，美国国家绩效评估委员会正式成立；同年 9 月，“电子政务”一词首次出现在政府文件——《创造一个效率更高、成本更低的政府：从繁文缛节到结果导向》中。1996 年，美国联邦政府推行“重塑政府运动”，积极推行政务电子化，应用网络技术以及通信技术来推行政府的公共服务职能，优化政府机构，提高政府的行政绩效。小布什执政期间提出“以公民为中心”的电子政务战略。2001 年，美国白宫管理与预算办公室宣布成立“电子政务特别工作小组”。奥巴马政府推行开放的数字政府计划。2009 年 1 月，奥巴马签署了《透明与开放政府备忘录》，明确了政府公开工作中透明、共享和协作的三大原则。2019 年 12 月，美国联邦政府实施了《开放政府指令》，对各级政府部门下达了具体的开放命令。

二、英国数字经济相关政策分析

英国政府注重数字经济顶层设计与立法保障，增强网络安全与治理能力，不断升级人工智能战略，坚持“数字政府即平台”理念推进政府数字化转型，提高政府数字服务效能，先后发布了《数字经济战略（2015—2018）》《国家网络安全战略》《政府转型战略（2017—2020）》《英国数字战略》《产业战略：人工智能领域行动数字宪章》等。

（一）注重顶层战略与立法保障

为应对国际金融危机，防范经济受到重大冲击，2008 年 10 月，英国启动了“数字英国”战略项目。2015 年 2 月，英国政府出台了《数字经济战略（2015—2018）》，旨在通过数字化创新来驱动社会经济发展，通过信息通信技术创新、融合、扩散来提升生产效率和交易效率，并为把英国建设成为数字化强国确立方向。2017 年 3 月，在“脱欧”未决之际，英国推动数字战略再升级，发布了《英国数字战略》，该战略对打造世界领先的数字经济和全面推进数字化转型进行了周密部署，并提出了多项数字化转型战略，包括连接战略、数字技能与包容性战略、数字经济战略、数字转型战略、网络空间战略、数字政府战略和数据经济战略。

（二）加强网络安全与法律监管

英国政府一直致力于实现网络治理有法可依，明确了 2021 年网络安全的目标以及未来 5 年的行动方案等事项。为应对网络系统的架构缺陷，2017 年，英国开始实施“主动网络防御（ACD）计划”，并将提升主动防御能力列为一项重要工作。“主动网络防御”是利用技术手段防范和规避常见漏洞，以避免大量的一般性网络攻击。同年，英国颁布了新版《数字经济法案》，在通信服务、移动电话合同、电子书借阅、抵制网络色情等方面采取措施，以保护公民的网络安全。

（三）不断升级人工智能战略

英国是欧洲推动人工智能发展最积极的国家之一，也一直是研究人工智能的学术重镇。早在 2013 年，英国政府就把人工智能及机器人技术列为国家重点发展的八大技术之一，且从 2016 年到 2018 年出台了一系列人工智能产业政策，更深入地开发人工智能技术并将其应用到各行各业。包括《在英国发展人工智能》《产业战略：打造适合未来的英国》《产业战略：人工智能领域行动》《人工智能行业新政》《英国人工智能发展的计划、能力与志向》等一系列配套政策措施。

（四）深入推进政府数字化转型

早在 1994 年，英国政府就意识到把技术、数据、网络等新技术运用到政府行政管理中能够提高政府的工作效率，提升服务质量。2015 年，英国政府启动实施“数字政府即平台”计划，助其获得了“2016 年联合国电子政务调查评估”第一名。2017 年，英国政府出台了《政府转型战略（2017—2020）》，提高政府数字服务的效能，明确政府以民众需求为核心，不断解决公共服务提供中存在的问题。2019 年 6 月，英国政府再度升级更新了数字政务服务标准。新的数字政务服务标准的适用对象更加广泛，对跨组织边界、跨渠道的服务融合提出了更高的要求。

三、德国数字经济相关政策分析

德国推动实施“工业 4.0”战略，以科技积极推动中小企业数字化转型，促进人工智能的发展与应用，提升数字经济竞争力，相继推出了《数字议程（2014—2017）》《新高科技战略——德国创新》《智能服务世界》《联邦政府人工智能战略要点》《德国人工智能发展战略》《国家工业战略 2030》等战略。

（一）深化数字化转型与智能制造

为了弥补数字鸿沟，德国从2010年开始不断出台相关政策，深化数字化转型与智能制造。2013年4月，德国提出实施“工业4.0”战略，在新一轮工业革命中占领先机。此后，德国联邦政府围绕“工业4.0”战略推出了一系列政策措施。2019年11月，德国联邦政府发布了《国家工业战略2030》，提出人工智能、数字化等创新技术与传统行业融合是推动经济发展的利器，未来要努力确保或重夺所有相关领域在国内、欧洲乃至全球的经济技术实力、竞争力和工业领先地位。

（二）积极推动中小企业数字化转型

德国中小企业的数量约占全国企业总数的99.3%，每年贡献超过1/3的德国国民经济营业额，德国在世界经济中占据重要地位离不开这些中小企业的贡献，数字化对企业尤其是中小企业的发展尤为重要。2016年3月，德国联邦政府进一步指出，促进中小企业数字化转型已是德国经济数字化转型的十大行动步骤之一，该行动重点在于支持中小企业使用信息通信技术以及电子商务的推广与应用，促进中小企业商业流程数字化转型。为推动中小企业数字化转型，德国在扶持计划“中小企业4.0——数字化生产流程和工作流程”的框架下逐步在德国所有地区建立大量技能中心，成立4个中小企业4.0局，以深化对数字化通信、云计算、流程管理和贸易的研究，并提供支持服务。

（三）不断升级高科技创新战略

德国联邦政府高度重视战略规划对科技创新的引领作用。为保障战略规划的有效实施，自20世纪80年代以来，德国联邦政府先后出台了一系列法规以不断强化战略规划的宏观引领作用，包括1996年的《德国科研重组指导方针》、2004年的《研究与创新协议》、2010年的《高科技战略2020：思想、创新、增长》、2018年的《高技术战略2025》等。

（四）推动人工智能发展和应用

德国联邦政府把人工智能视为德国经济未来的重要增长点。早在1985年，德国联邦政府就提出了要向高级的、带智慧的智能机器人领域进军的计划。2018年7月，德国发布了《联邦政府人工智能战略要点》，确立其在研究、成果转化、人才培养、数据使用、法律保障、确立标准、国内外合作等优先行动领域的发展措施，旨在通过实施该纲领性文件将德国人工智能的研发和应用提升到全球领先水平。2018 年 9 月，德国联邦政府推出了《高技术战略 2025》，在“加强德国未来高技术能力”的主题中，提出推动人工智能应用，利用国家人工智能战略系统强化德国在该领域的能力；同年 11 月，德国联邦政府公布了《德国人工智能发展战略》，指出将人工智能发展的重要性提升到国家战略高度。

（五）德国电子政务建设

1999 年，德国提出了《德国 21 世纪的信息社会》行动计划；2000 年，德国联邦政府发布了《联邦在线 2005 电子政务工程规划》；2010 年，德国联邦政府正式启动了《云计算行动计划》。该计划通过云计算示范项目挖掘创新和市场潜力，营造有利于云计算发展的创新环境，参与国际发展和标准制定、云计算的推广和普及，并积极推动云计算技术，面向企业、公共管理部门，提高对云计算的认可及信任程度，开发广阔的商业前景。

四、俄罗斯数字经济相关政策分析

俄罗斯期望通过实施数字经济改善人口危机以及经济严重依赖石油和天然气出口的问题，出台了《俄罗斯联邦数字经济规划》《俄罗斯联邦国家科技发展计划》《俄罗斯 2030 年前国家人工智能发展战略》等一系列政策法规，从顶层设计、数字技术发展和完善相关法律法规等方面推动数字经济发展。

（一）重点支持数字技术创新层面

2019 年 10 月，普京总统签署了《关于发展俄罗斯人工智能》命令，批准了《俄罗斯 2030 年前国家人工智能发展战略》，提出俄罗斯发展人工智能的基本原则、总体目标、主要任务、工作重点及实施机制，旨在加快推进俄罗斯人工智能的发展与应用，谋求在人工智能领域的世界领先地位。

（二）完善数字经济相关法律法规层面

2016 年 7 月，俄罗斯联邦政府颁布了《俄罗斯联邦关键信息基础设施安全法》；同年 12 月，普京总统签署了《俄罗斯联邦信息安全学说》，为俄罗斯国家安全提供了可靠的信息环境和信息基础设施。2017 年 7 月，俄罗斯联邦政府颁布了《俄罗斯联邦数字经济规划》，整合了政府原有和最新的数字经济发展方案。

（三）推动人工智能研发与应用

2017 年 7 月，俄罗斯联邦政府制定了《俄罗斯联邦数字经济规划》，将数字经济列入国家发展战略，鼓励人工智能、机器人、量子计算等技术研发；同年 9 月，总统普京表示，“人工智能代表着未来，在人工智能领域占领制高点的国家将能掌控世界”。2018 年，俄罗斯联邦政府陆续发布了《未来俄军用机器人应用构想》《人工智能在军事领域的发展现状及应用前景》《2018—2025 年国家武器发展纲要》《2025 年先进军用机器人技术装备研发专项综合计划》等发展规划。在强化组织规划和完善军事科研指挥体系的基础上，《未来俄军用机器人应用构想》制定了发展路线，明确了军用机器人的研发重点包括无人机、陆上机器人系统和以无人潜航器为代表的水下机器人。2019 年 10 月，普京又批准了《俄罗斯 2030 年前国家人工智能发展战略》，内容包括在人工智能领域进行科学研究，为用户提高信息和计算资源的可用性，完善人工智能领域的人才培养体系等。

五、日本数字经济相关政策分析

日本不断升级科技创新战略，大力推动人工智能等新一代信息通信技术的发展，强化数字技术在其他产业中的应用，陆续出台了《第五期科学技术基本计划》《人工智能技术战略》《集成创新战略》《综合创新战略》等战略，促进实体经济的转型升级，助力打造“超智能社会”。

六、印度数字经济相关政策分析

印度在传统软件业的基础上，加快信息基础设施的覆盖应用，加速发展物联网与人工智能等新兴技术，加强个人与公共数据保护，加快电子政务发展步伐，相继推出了“数字印度”计划等战略推动数字经济发展。

第三节　中国数字经济的优劣势分析

一、中国数字经济的优势

（一）中国数据信息流量大，数据优势明显

国民经济综合实力不断提升，使得我国在全球拥有最快捷的交通基础设施，由此产生巨量的物流；就单一国而言，中国有全球通信基站覆盖率最高的通信基础设施，由此产生了巨量的信息流；我国还有全球最广泛使用的电子支付系统，由此产生了巨大的数据流。物流、信息流、数据流都是数字经济发展的最宝贵基础。

（二）多方政策支持数字经济的发展

我国高度重视发展数字经济，大力发展数字产业，通过数字产业化、产业数字化，带动数字经济和实体经济深度融合，推动区域经济高质量发展。

（三）研发上的人才优势

中国是世界人口大国，经过近几年的发展，我国创新型人才的数量不断提高，因此在研发上有人才优势。

（四）市场优势

中国有全世界最大最全的市场及应用场景，产业发展、数据发展，以及最近几年不断的政策支持，也为我国的数字经济发展提供了最全的配套及广阔的市场前景。

二、中国数字经济的劣势

我国数字经济的核心产业面临“卡脖子”问题，尚有很大改善空间。与美国等发达国家相比，中国在数字经济的核心产业，比如工业软件、云计算、区块链、金融科技、工业互联网、搜索引擎等领域还有不小差距，“卡脖子”技术严重威胁我国数字经济的长远发展。

作为数字经济的核心产业，中国在数字技术领域面临来自欧美国家在

政治、法律层面形成的竞争，并且缺乏较完善的数字经济法律法规。

自 2020 年初起，欧盟连续出台了一系列政策文件和法律框架，以提高数字“技术主权”和战略自主为目标，增强欧洲数字创新能力，降低数字技术对外依赖度。这一系列动作导致全球数字经济发展出现了“裂痕”。为促进数字经济的开放发展，防止垄断，实现互联互通，需要尽快制定比较完善的规则和法规。数字经济关系到国家高质量发展的目标，所以要做好制度配套、体制建设、组织保障，强化安全意识。要避免出现可能的风险，加强数据要素治理，促进市场良性竞争。

三、中国数字经济该如何发展

针对上述问题，中国数字经济的发展可采取以下措施加以促进：

（1）建立健全数字经济基础设施。包括加强数字化和网络化建设，提高网络接入速度和质量，推动 5G 技术应用，构建数字经济的基础设施。

（2）创新驱动发展。加大科技创新投入，鼓励创新企业和创新团队的发展，培育一批具有核心竞争力的数字经济企业，推动数字经济创新的闭环。

（3）加强数字经济人才培养。提高数字经济人才的培养质量和数量，建立多层次的人才培养体系，加强与高校和研究机构的合作，培养更多的数字经济领域的专业人才。

（4）加强数据安全和隐私保护。制定和完善相关法律法规，加强数据安全和隐私保护，提高数据交换和共享的安全性和可靠性，构建安全可控的数字经济环境。

（5）推动数字经济与实体经济融合发展。通过鼓励传统产业的数字化转型升级，促进数字技术在各个行业的应用，推动实体经济与数字经济的深度融合。

（6）加强政府引导和支持。政府应该加大对数字经济发展的支持力度，提供政策、资金和人才等方面的支持，引导各个领域的企业加大数字化转型的力度。

总的来说，中国数字经济发展需要政府和企业共同努力，在基础设施建设、创新驱动、人才培养、数据安全、融合发展等方面采取措施，推动数字经济发展壮大。

基建篇

第三章

数字新基建

第一节　新基建内涵丰富，涵盖范围广

数字化基础设施建设（以下简称“数字基建”），是指能够体现数字经济特征的新一代信息基础设施建设。“新基建”并不是一个新概念，该定义由中央经济工作会议在2018年12月提出，其本质是信息化基础设施。与传统基建相比，新基建包含的范围更广，涉及的领域也更多（见图3-1），更能准确体现数字经济内涵，推动中国经济转型升级。

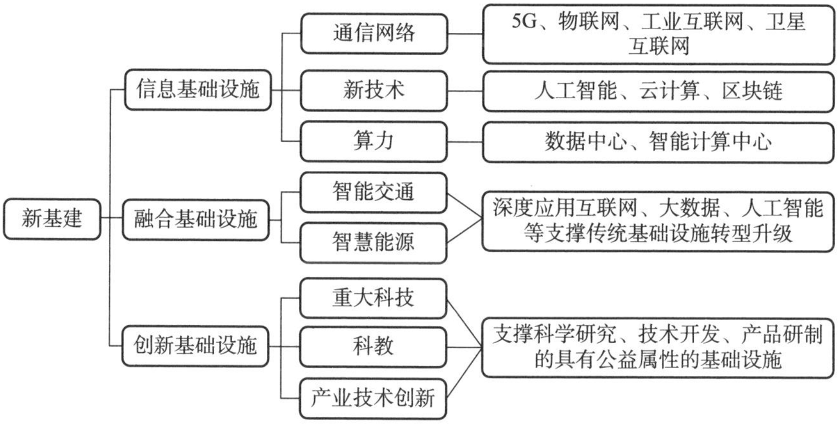

图3-1　新基建定义

第二节　新基建发展历程

2018年12月19日至21日，中央经济工作会议在北京举行，会议重新定义了基础设施建设，提出把5G、人工智能、工业互联网、物联网定义为“新型基础设施建设”。随后，“加强新一代信息基础设施建设”被列入

2019 年《政府工作报告》，至今已有多次中央级会议或文件明确表示加强新基建（见表 3-1）。

表 3-1　相关中央级会议

会议时间	会议/政策名称	主要内容
2018 年 12 月 19 日	中央经济工作会议	重新定义了基础设施建设，把 5G、人工智能、工业互联网、物联网定义为“新型基础设施建设”
2019 年 3 月 5 日	《政府工作报告》	提出加强新一代信息基础设施建设
2019 年 7 月 30 日	中央政治局会议	提出加快推进信息网络等新型基础设施建设
2019 年 12 月 10 日	中央经济工作会议	提出加强战略性、网络型基础设施建设，推进川藏铁路等重大项目实施，稳步推进通信网络建设
2020 年 1 月 3 日	国务院常务委员会会议	提出“大力发展先进制造业，出台信息网络等新型基础建设投资支持政策，推进智能、绿色制造”
2020 年 2 月 14 日	中央全面深化改革委员会会议	提出基础设施是经济社会发展的重要支撑，要以整体优化、协同融合为导向，统筹存量和增量、传统和新型基础设施发展，打造集约高效、经济适用、智能绿色、安全可靠的现代化基础设施体系
2020 年 3 月 4 日	中共中央政治局常务委员会会议	强调“要加大公共卫生服务、应急物资保障领域投入，加快 5G 网络、数据中心等新型基础设施建设进度”
2020 年 3 月 6 日	工业和信息化部召开加快 5G 发展专题会	提出充分认识加快 5G 发展的重要性、紧迫性，科学把握 5G 发展面临的新形势新要求，务实推动 5G 加快发展
2020 年 4 月 20 日	国家发展改革委新闻发布会	提出正式确认新型基础设施含义，新基建包括信息基础设施、融合基础设施和创新基础设施三方面
2021 年 3 月 8 日	国务院新闻办新闻发布会	指出加快推进“两新一重”建设。在新型基础设施方面，将出台“十四五”新型基础设施建设规划，大力发展数字经济，拓展 5G 应用，加快工业互联网、数据中心等建设
2021 年 3 月 12 日	第十三届全国人民代表大会第四次会议	“十四五”规划提出：统筹推进传统基础设施和新型基础设施建设，打造系统完备、高效实用、智能绿色、安全可靠的现代化基础设施体系

第三节　新基建主要内容

新基建主要包括：5G 网络建设、特高压、城际高速铁路和城际轨道交通、新能源汽车充电桩、大数据中心、人工智能、工业互联网七大领域（见图 3-2）。

图 3-2 新基建七大领域

一、信息基础设施

信息基础设施包括以 5G 网络、移动通信网络、互联网、物联网、卫星通信等为代表的通信基础设施，以大型服务器、云计算中心、数据仓库等为代表的数据中心和存储设施，以防火墙、安全网关、加密设备等为代表的信息安全基础设施，以数据中心、智算中心为代表的算力基础设施等。

（一）通信基础设施

5G 网络建设是新基建信息基础设施建设的重要组成部分之一。它是第五代移动通信技术，是目前移动通信领域最新的标准，相较于前几代移动通信技术，具有更高的网速、更低的时延、更多的连接和更可靠的网络性能等优势，可以推进数字化转型和智能化发展。

（二）基础架构

5G 网络的基础架构主要包括基站和核心网两部分。

基站是连接终端设备和核心网的关键设备，它需要部署在城市各个角落，包括公共场所、商业区域、居民区域等。5G 基站需要覆盖更多的区域，同时需要支持更高的带宽和更低的延迟，这要求 5G 基站的密度比 4G 网络更高，同时基站的数量也会更多。此外，5G 基站还需要支持多频段和多制式的通信，以适应不同的网络需求。

核心网是 5G 网络的中枢部分，负责维护和管理所有的用户数据和网络资源。5G 核心网需要具备更高的容量和更强的处理能力，同时还需要支持更快的速率和更低的延迟。为了满足这些需求，5G 核心网采用了分布式的架构，将网络资源和服务分布到云端和边缘端，以实现更快的数据传输和更低的延迟。

（三）发展现状

目前，全球范围内正在加速推进 5G 网络的建设和发展，全球 5G 用户规模已经超过 1.5 亿，预计到 2025 年将达到 5 亿。

在中国，5G 网络建设和发展也取得了显著进展。截至 2020 年底，中国已经建成超过 70 万个 5G 基站，5G 商用覆盖城市超过 300 个，5G 用户规模已经超过 2 亿。此外，中国还积极推进 5G 与其他技术的融合，如人工智能、物联网等，以实现更多的创新应用。

（四）技术特点

较之于 4G 网络，5G 网络具有以下几个技术特点：

（1）更高的速率。5G 网络支持更高的速率，可以达到每秒几十 GB 的传输速度。这种高速率可以满足更多的应用需求，例如高清视频、虚拟现实等。

（2）更低的延迟。5G 网络的延迟非常低，可以达到毫秒级。这种低延迟可以满足更多的实时应用需求，例如远程控制、自动驾驶等。

（3）更大的连接密度。5G 网络可以连接更多的设备，每平方千米可以支持超过 100 万个设备的连接，这可以满足更多的物联网应用需求。

（4）更多的频谱资源。5G 网络可以利用更多的频谱资源进行通信，这可以提高网络的容量和质量，以满足更多的用户需求。

（5）更灵活的网络架构。5G 网络采用了灵活的网络架构，可以根据不同的应用需求进行定制，以支持更多的应用场景。

（五）应用场景

5G 网络可以应用于很多领域，以下是几个典型的应用场景：

（1）智慧城市。5G 网络可以实现城市中各种设备之间的快速连接和信息共享，以实现智慧城市的建设。例如，智能交通系统可以实时监控交通流量，优化路线和信号灯，提高交通效率和安全性；智能公共安全系统可以通过高清视频监控和智能预警，提高城市的安全防范能力。

（2）工业互联网。5G 网络可以实现工业设备之间的快速连接和数据传输，以推动智能制造和工业互联网的发展。例如，通过 5G 网络可以实现工厂中各种机器之间的智能连接和协同工作，提高生产效率和质量。

（3）医疗健康。5G 网络可以实现医疗设备之间的快速连接和数据传输，以推动医疗健康的智能化发展。例如，通过 5G 网络可以实现医疗设备之间的远程监测和诊断，提高医疗服务的效率和质量。

（4）虚拟现实和增强现实。5G 网络可以提供更高的速率和更低的延迟，以支持虚拟现实和增强现实的应用。例如，通过 5G 网络可以实现高清视频流的实时传输和渲染，提高虚拟现实和增强现实的视觉效果和沉浸感。

1. 物联网

随着信息技术的不断发展，人类社会已经进入了数字化、智能化的时代，各种设备和物品都可通过互联网进行连接和交互，从而形成一个庞大的物联网生态系统。物联网的出现，可以实现设备之间的互联互通和数据共享，为各行业提供更加精细、高效的服务。物联网建设已成为新基建的重要方向之一，未来仍具有广阔的应用前景和巨大的市场潜力。

（1）概念解析。物联网是通过各种传感器和设备，将物理世界中的各种信息数字化、网络化，实现设备间的互联互通和数据的交互。物联网建设将为各行各业带来巨大的变革和机遇，有望推动数字经济的发展和升级。

（2）应用场景。

①智慧城市。物联网技术在智慧城市中的应用场景非常广泛。通过各种传感器和设备，可以实现对城市环境、交通、公共安全、能源消耗等方面的实时监控和管理。比如：在交通方面，可以通过车联网技术实现交通信号灯的智能控制、交通拥堵的智能调度等功能；在公共安全方面，可以通过视频监控和人脸识别技术实现对公共场所的智能监控和安全预警；在能源消耗方面，可以通过智能电表和智能家居等技术实现对能源的精细化

管理和节约利用。

②智能制造。物联网技术在智能制造中的应用场景非常广泛。通过各种传感器和设备，可以实现对生产设备、生产过程和产品质量等方面的实时监控和管理。比如：在生产设备方面，可以通过物联网技术实现对生产设备的远程监控和故障预警；在生产过程方面，可以通过物联网技术实现对生产流程的自动化和优化；在产品质量方面，可以通过物联网技术实现对产品质量的实时监测和追溯。

③智慧医疗。物联网技术在智慧医疗领域的应用，可以帮助医疗机构实现远程监护、医疗数据的实时采集和分析、医疗设备的自动化管理等功能。比如：在远程医疗方面，可以通过物联网技术实现医生对患者的远程监护和医疗指导；在医疗数据采集和分析方面，可以通过物联网技术实现对患者的生理参数、病历数据等信息的实时采集和分析；在医疗设备管理方面，可以通过物联网技术实现对医疗设备的远程监控和自动化管理。

④智慧农业。物联网技术在智慧农业中的应用，可以帮助农业生产实现智能化、精准化、高效化。通过各种传感器和设备，可以实现对农田环境、农作物生长、农机设备等方面的实时监测和管理。比如：在农田环境监测方面，可以通过物联网技术实现对气象、土壤、水质等方面的实时监测；在农作物生长管理方面，可以通过物联网技术实现对植物生长的自动化管理和优化；在农机设备管理方面，可以通过物联网技术实现对农机设备的远程监控和自动化管理。

⑤智慧交通。物联网技术在智慧交通中的应用，可以帮助交通管理部门实现交通流量的实时监控、交通信号灯的智能控制、交通拥堵的智能调度等功能。比如：在交通流量监测方面，可以通过物联网技术实现对道路交通流量的实时监测和预测；在交通信号灯控制方面，可以通过物联网技术实现对交通信号灯的智能控制和优化。

（3）技术架构。

物联网建设的技术架构是一个复杂的系统，涉及感知层、网络层、服务层、应用层四个层面。其中，感知层主要负责数据采集和传输，网络层负责不同协议之间设备的通信，服务层主要负责分析和处理，应用层主要负责具体的服务和应用。

①感知层。感知层是物联网系统中的最底层，通常由各种传感器、执

行器等设备组成，用于收集现实世界中的信息并将其转化为可用的数字信号。

②网络层。网络层是物联网系统中的中间层，用于连接感知层和应用层。常见的网络技术包括 Wi-Fi、蓝牙、ZigBee、LoRaWAN 等。网络层还包括网关设备，用于管理和控制具有不同协议的设备之间的通信。

③服务层。服务层可以理解为数据处理和分析层，它用于接收、处理和分析从感知层收集到的大量数据。服务层的功能包括数据存储、数据管理、数据处理、数据分析、安全性管理等。常见的服务层技术包括云计算和边缘计算。

④应用层。应用层是物联网系统中的顶层，它提供具体的应用功能和服务。应用层可以包括各种应用程序、移动应用、数据可视化工具、智能控制系统等。

此外，物联网技术架构还包括安全层、管理层和运营层。安全层用于保护物联网系统中的设备、数据和通信的安全性。管理层用于管理物联网系统的设备、数据和用户。运营层用于监控和管理物联网系统的运行状态和性能。

物联网技术架构的设计需要考虑系统的可扩展性、安全性、数据处理和分析能力等方面的要求，以满足不同应用场景的需求。

（4）面临挑战与解决方案。

物联网建设面临的主要挑战包括网络安全、数据隐私、设备兼容性、能耗和环保等问题。

①网络安全。是物联网建设面临的最大挑战之一。由于物联网中的设备数量庞大，且设备种类繁多，设备制造商的技术水平参差不齐，因此物联网面临的网络安全问题是非常复杂的。攻击者可能会利用物联网中的漏洞，对设备和数据进行恶意攻击。因此，在物联网建设中，需要加强对网络安全的建设和管理，包括设备认证、数据加密、流量控制、漏洞修复等方面。

②数据隐私。在物联网中，设备会采集各种数据，并上传到云平台进行存储和处理，但这些数据往往包含着用户的个人信息和隐私，如果数据被泄露或滥用，会对用户造成极大的影响。因此，在物联网建设中，需要采取措施加强对数据隐私的保护，如数据加密、身份认证、权限管理等。

③设备兼容性。物联网中的设备种类繁多，不同的设备可能使用不同的通信协议和数据格式，这就导致了设备之间的兼容性问题。如果设备之间不能很好地互联互通，就无法实现数据的有效交换和共享。因此，在物联网建设中，需要考虑设备之间的兼容性问题，采用通用的协议和数据格式，以确保设备之间的互联互通。

④能耗和环保。物联网中的设备数量庞大，如果这些设备都使用传统的电池供电，将会对环境造成极大的影响。同时，大量设备的电池更换也将带来极高的成本。因此，在物联网建设中，需要考虑设备的能耗和环保问题，采用低功耗技术，或者使用新型的环保电池供电等方式，以降低能耗和环境污染。

2. 工业互联网

随着信息时代的到来，传统制造业从数字阶段向网络阶段迈进，由此工业互联网迅速兴起，并获得飞速发展。互联网与工业的融合发展已经成为未来的一种发展趋势，工业渗透于互联网，孕育出工业互联网平台，形成以数据为驱动、以制造能力为核心的专业平台。

（1）概念解析。

工业互联网是指将传统工业生产环节中的各种设备、仪器等物理设备通过无线网络连接起来，实现数据的采集、共享和分析，以提高生产效率、降低成本、改进产品质量和开发新产品等为目的的技术体系。它是现代工业发展的重要趋势之一，可以帮助企业进行自动化、智能化管理，提高生产效率和品质，同时也可以为企业提供更加个性化和定制化的服务。

（2）应用模式。

工业互联网融合应用推动了一批新模式、新业态孕育兴起，提质、增效、降本、绿色、安全发展成效显著，初步形成了设备接入、数据采集与管理、产线协同、智能制造、供应链管理五类应用模式。

①设备接入。通过连接工厂中的各种设备，将其接入云平台或者本地网络，实现对设备的远程监控和管理。通过实时采集设备的数据，可实现设备状态的实时监测、故障预警和远程维护。

②数据采集与管理。通过工业互联网系统，对工厂中的数据（设备采集到的工艺参数、生产计划、设备维护记录等）进行采集、存储和管理。通过对数据的分析和挖掘，可以提取有价值的信息，用于优化生产流程、

提高生产效率和质量。

③产线协同。工业互联网可以实现不同生产设备和工序之间的协同。通过实时数据交换和协调，不同工序之间可以实现无缝衔接，提高生产效率和质量。例如，基于工业互联网的智能调度系统可以根据当前的生产情况和需求，动态调整生产计划和任务分配。

④智能制造。利用工业互联网技术，可以实现生产过程的智能化和自动化。通过对设备和工序的实时监测和控制，可以自动调整生产参数，提高生产效率和质量。同时，利用数据分析和人工智能技术，可以实现对生产过程的优化和预测，提前发现潜在的问题和风险。

⑤供应链管理。工业互联网可以实现供应链的整体优化和管理。通过对供应链各个环节的数据进行采集和分析，可以实现对物料需求和供应的实时调整，提高供应链的效率和可靠性。同时，工业互联网还可以实现对供应商和合作伙伴的远程监控和管理，提高供应链的透明度和可控性。

这些应用模式可以根据不同的需求和场景进行组合和定制，以满足工业企业的具体需求。同时，随着物联网技术和工业互联网平台的不断发展，还会有更多新的应用模式和业务模式出现。

（3）应用领域。

工业互联网目前应用领域已经涉及制造业、物流和仓储、能源和环保、公共服务、农业和农村发展、建筑业等多个领域，应用非常广泛，随着技术的不断发展和创新，工业互联网会实现在更多领域的应用。

①制造业。工业互联网可以在制造业中应用于生产线的智能化和自动化、产品质量的监控和改进、制造过程的优化和预测、供应链的管理和优化等方面。通过工业互联网技术，制造业可以实现智能制造和工业 4.0 的目标，提高生产效率和产品质量。

②物流和仓储。工业互联网可以实现物流和仓储过程的自动化和协同。通过对货物和物流车辆的实时监控和跟踪，可以提高物流的可靠性和效率。同时，工业互联网还可以实现对仓储设施和库存的远程监控和管理，提高仓储的效率和安全性。

③能源和环保。工业互联网可以应用于能源生产和消费过程的监控和优化。通过对能源消耗和能源效率的实时监测和分析，可以发现能源浪费和潜在的节能机会，提高能源的利用效率。同时，工业互联网还可以应用

于环境监测和对污染排放的监控，提高环境保护的能力。

④公共服务。工业互联网可以应用于公共服务领域，如城市交通管理、安全监控、城市治理等。通过对交通流量和路况的实时监测和分析，可以实现交通拥堵的预测和调度优化；通过对公共设施和安全设备的实时监控和管理，可以提高城市的安全性和服务质量。

⑤农业和农村发展。工业互联网可以应用于农业生产和农村发展领域。通过对农田环境和作物生长的实时监测和分析，可以提高农作物的产量和品质；通过对农产品的溯源，可以提高农产品的质量和安全性；通过工业互联网技术，还可以实现农村电力、水利等基础设施的智能化和自动化。

⑥建筑业。工业互联网在施工管理方面，可以用于施工过程中的实时监控和管理。通过对施工现场的监控和数据采集，可以实现对施工进度、质量和安全的监控和预警，提高施工管理的效率和准确性。在设备管理方面，可以用于对建筑设备的实时监测和维护。通过对建筑设备的传感器和监控系统的连接和数据采集，可以实现对设备状态和性能的远程监测和维护，提高设备的可靠性和使用寿命。在能源管理方面，可以用于对建筑能源的监控和优化。通过对建筑能耗数据的实时采集和分析，可以发现能源浪费和潜在的节能机会，实现建筑能耗的优化和节约。在安全管理方面，可以用于对建筑安全的监控和管理。通过对建筑安全设备的实时监控和数据分析，可以实现对建筑安全状况的即时掌握和预警，提高安全管理的效果和能力。在智能化和自动化方面，可以实现建筑的智能化和自动化。通过对建筑设备和系统的互联互通，可以实现对建筑环境、照明、通风等的智能化控制和管理，提高建筑的舒适性和能效。

3. 卫星互联网

2020 年 4 月，卫星互联网被国家发展改革委划定为新基建信息基础设施之一，新基建给卫星互联网带来了新的机遇，将成为中国卫星互联网发展的重要推动力，也将为卫星互联网企业带来更广阔的发展空间。

（1）概念解析。

卫星互联网是指通过卫星技术连接全球各地的互联网。它借助于卫星的广覆盖范围和无线传输能力，为偏远地区和不具备传统有线通信基础设施的地区提供高速互联网接入服务。

（2）基本原理。

卫星互联网主要由地面终端设备、卫星、地面控制站和网络管理中心四部分组成。

①地面终端设备。包括用户终端设备和地面中继站。用户终端设备通常是卫星天线和调制解调器。用户通过卫星天线将数据传输到卫星上，再由卫星传输到地面中继站，地面中继站负责将数据接入本地网络。

②卫星。卫星通过广覆盖的通信信道，实现了全球范围内的互联网连接。卫星通信的技术原理是利用卫星在轨运行的高度和速度，实现对地球上广大区域的信号广播和接收，将来自用户的信号转发到相应的接收站和网络中心，实现数据的传输。

③地面控制站。地面控制站负责控制卫星的运行和调整卫星的轨道，同时还负责对卫星进行遥测遥控和故障排除。

④网络管理中心。负责管理卫星互联网的整个网络，包括终端设备的管理、数据传输的管理、网络安全的管理等。

（3）主要优势。

卫星互联网具有以下几个优势。

①全球覆盖。卫星互联网可以实现全球范围内的互联网接入，无论是在城市还是在偏远山区、海洋中都能提供高速互联网服务，使用户不受地理位置的限制。

②灵活性高。卫星互联网无须铺设大量的光缆和传输设备，可以快速建立通信网络，并且不受地形和天气等自然因素的影响，具有很高的灵活性和适应性。

③抗干扰能力强。卫星互联网的信号传输是通过空间中的卫星进行的，相比传统有线通信，其信号传输不受地面建筑、山脉、森林、河流等自然因素的干扰，具有很高的抗干扰能力。

④高速可靠性。卫星互联网的带宽比传统的有线通信更高，同时具有很高的可靠性。

（4）应用领域。

卫星互联网可以在多个领域得到应用，主要包括：

①通信。卫星互联网可以为偏远地区和不具备传统有线通信基础设施的地区提供高速互联网接入服务，同时也是一种备用通信手段，能够在灾

难和紧急情况下提供互联网通信服务。

②农业。卫星互联网可以用于农业领域，实现农业信息化、精准化和智能化。

③航空航天。卫星互联网可以为航空航天领域提供高速的数据传输服务，为飞行器和航天器的控制、导航、通信和监测等提供支持。

④海洋。卫星互联网可以为海洋勘探、海洋保护和海洋救援等领域提供高速数据传输服务，实现海洋信息化和智慧海洋等应用。

⑤政府国防。卫星互联网可以为政府和国防领域提供高速数据传输和通信服务，支持政府和军队的指挥、控制和情报等方面的工作。

⑥能源矿业。卫星互联网可以为矿业和能源领域提供高速数据传输服务，支持勘探、生产和运输等方面的工作。

⑦娱乐旅游。卫星互联网可以为娱乐、旅游领域提供高速数据传输和通信服务，支持在线导航、在线预订、在线社交、在线娱乐等方面的应用。

（5）未来展望。

卫星互联网是一种具有广阔应用前景的新兴通信技术，具有全球覆盖、灵活性高、抗干扰能力强、高速可靠等优点。特别是在人工智能、物联网、云计算等新兴技术的支持下，卫星互联网更加智能化、自适应、高效率，为人类社会的发展和进步提供了强有力的支持和保障。

同时，卫星互联网也面临着一些挑战和问题。例如，卫星数量的增加会导致空间碎片的增多，可能会对地球上其他卫星和太空探测器造成威胁。此外，卫星互联网的建设和运营成本较高，需要投入大量资金和人力资源。因此，如何在保证技术和服务质量的前提下，降低卫星互联网的建设和运营成本，成为未来发展的一个重要问题。

综上所述，通信基础设施是新基建中非常重要的一部分。通信基础设施建设的目标是为数字经济和数字社会提供强大的技术支持和基础设施支持，推动城市数字化建设和可持续发展。5G 网络、物联网、数据中心、智能化基站、云计算和人工智能等都是通信基础设施建设的重要方向，它们将推动数字经济的不断发展和创新，通信基础设施的建设也将不断推陈出新，为未来数字经济和城市建设提供更加强大的支撑和动力。

二、新技术基础设施

1. 人工智能

（1）概念解析。

人工智能是数字新基建中的重要技术之一，是指通过模拟人类智能和行为的方法，提升计算机程序自主学习、推理和决策的能力，从而实现智能化的应用。人工智能已在各个领域得到广泛应用，比如，自然语言处理、图像识别、智能推荐、智能交互等，已经成为数字新基建中不可或缺的一部分。

（2）应用领域。

①智慧城市。智慧城市指通过各种信息技术手段，实现城市基础设施的智能化、信息化和数字化。人工智能在智慧城市中发挥了重要作用。在智能交通方面，人工智能的应用可以提高交通安全性和效率。例如，通过人工智能技术可以实现智能路灯、智能交通信号灯、智能停车场等设施的管理和控制，从而减少交通拥堵、提高通行效率。同时，人工智能还可以通过交通监控、车辆识别等技术手段实现对车辆和行人的监管，提高交通安全性。在智能环境监测方面，人工智能技术可以实现对空气质量、水质、噪声等环境指标的实时监测和预警，从而提高城市环境的质量和可持续性。在智能城市管理方面，通过人工智能技术可以实现城市垃圾分类、公共设施管理、城市安全监控等工作的智能化和自动化，提高城市管理效率和质量。

②智能制造。智能制造指通过各种信息技术手段，实现生产过程的智能化和自动化，提高生产效率和质量。在智能工厂方面，人工智能技术可以实现智能工厂的建设和管理，提高生产效率和质量。例如，通过人工智能技术可以实现生产流程的优化和自动化，包括机器人操作、自动化控制和智能物流等，从而提高生产效率和降低成本。此外，人工智能还可以实现智能维护、预测性维修等功能，提高生产设备的可靠性和稳定性。在智能质量控制方面，通过人工智能技术可以实现对生产过程的实时监控和分析，发现潜在问题并及时调整，从而提高产品的质量和可靠性。

③智能教育。智能教育指通过各种信息技术手段，实现教育过程的智能化和自动化，提高教育效率和质量。人工智能在智能教育中发挥了重要

作用。在智能课堂方面，人工智能技术可实现对智能课堂的建设和管理，包括教学资源的智能管理和课程的智能推荐等，从而提高教学效率和质量。此外，人工智能还可以实现对学生学习情况的实时监控和个性化教学，帮助教师更好地了解学生的学习情况和需求，制订更加精准的教学计划，提高教学效果。在智能评估方面，人工智能技术可以实现智能评估，包括对学生学习情况的自动评估和对教学效果的自动评估等，从而提高评估效率和准确性。此外，人工智能还可以实现智能化的考试监控，保证考试的公平性和安全性。

④智能交通。智能交通指利用人工智能技术实现交通流量控制、路况监测和智能路灯等，从而提高交通的流畅性和安全性。它还可以实现交通信号的自适应调整，根据交通状况自动调整交通信号的时序，提高交通效率。在智能驾驶方面，人工智能技术可以实现自动驾驶和半自动驾驶等，从而提高交通的安全性和效率。各种传感器和摄像头等设备，可实现对交通状况的实时监测和分析，帮助车辆实现自动驾驶和自动避让等功能，减少交通事故和拥堵。

⑤智能医疗。智能医疗指通过各种信息技术手段，实现医疗过程的智能化和自动化，提高医疗服务的质量和效率。人工智能在智能医疗中发挥了重要作用。人工智能技术可以实现智能辅助诊断，包括医学图像分析和医学数据分析等，提高医生诊断的准确性和效率。各种人工智能算法和模型，可实现对医学图像和数据的自动分析和识别，帮助医生更好地进行诊断和治疗。在智能健康管理方面，人工智能技术可以通过各种传感器和监测设备，对人体健康数据进行实时监测和分析，实现对人体的健康监测和健康管理等，从而提高人们的健康水平和生活质量。在智能药物研发方面，通过各种人工智能算法和模型，可实现智能药物研发、药物分子的自动筛选与优化、药物设计等，帮助科学家更好地进行药物研究，提高医疗服务的质量和效率。此外，人工智能还可以实现对疾病的预测和预防，提高医疗效果和健康管理水平。另外，人工智能技术可实现智能辅助诊疗，包括对医学数据进行分析、病历管理、医学问诊等，从而提高医生的工作效率和准确性。还可以根据患者的基因、病史、体检等数据，制定个性化的治疗方案，实现个性化医疗，提高治疗效果。

2. 云计算

随着数字化进程的加速，数字新基建已经成为中国未来发展的一个重要方向。在数字新基建的各个领域中，云计算作为其中一个重要的组成部分，受到了越来越多的关注。云计算不仅可以提供可靠的 IT 基础设施，同时也可以为企业和机构提供更加丰富的计算资源和灵活、高效的利用方式。

（1）概念解析。

云计算是一种基于互联网的计算服务模式，它能够提供可扩展的 IT 资源，包括计算、存储、网络等，以满足用户对计算资源的需求。云计算的服务模式主要包括三种：IaaS（基础设施即服务）、PaaS（平台即服务）、SaaS（软件即服务）。其中，IaaS 提供计算和存储资源的基础设施，PaaS 提供应用程序开发和部署的平台，而 SaaS 则提供已经开发好的应用程序。

（2）主要优势。

云计算作为一种新兴的计算服务模式，具有以下优势。

①节约成本。传统的 IT 基础设施需要大量的投资来建设和维护，而云计算提供的服务是按需付费的，可以根据实际需求来动态分配计算和存储资源，避免资源浪费，降低企业和政府机构的 IT 成本。

②灵活性与可扩展性。云计算提供的计算和存储资源是虚拟的，可以在不同的物理服务器之间进行无缝切换，同时也可以根据实际需求来动态调整资源的数量和配置，从而提高 IT 资源的灵活性和可扩展性。

③提高效率。云计算提供的计算和存储资源是共享的，可以被多个用户同时使用，并充分利用 IT 资源，提高 IT 资源的利用率，从而提高 IT 工作效率。

④提高安全性。云计算提供商通常具有更高的安全标准和技术，可以保护用户的数据和应用程序的安全，同时也可以为用户提供备份和恢复服务，从而提高数据和应用程序的安全性。

（3）应用场景。

①云数据中心。云数据中心是云计算的核心组成部分，可以为企业和政府提供可靠的 IT 基础设施与各种云服务，包括 IaaS、PaaS 和 SaaS。企业可以在云数据中心中租用虚拟服务器、存储空间和网络带宽等计算资源，从而降低 IT 成本、提高效率。政府机构可以利用云数据中心提供的云

服务来进行数字化转型和信息化建设，为公共服务和治理提供更加高效的支持。

②存储。利用云计算技术可以存储和管理数据。云存储可以为企业和个人提供海量的存储空间，同时还可以提供高可用性和可靠性的数据备份和恢复服务。企业可以利用云存储来存储和管理各种业务数据，包括客户数据、供应链数据、财务数据等，从而提高数据的安全性和可靠性。个人可以利用云存储来存储和管理各种数据，包括照片、音乐、视频等，从而实现数据的共享和备份。

③云计算平台。云计算平台是一种基于云计算技术的软件开发和部署平台。云计算平台可以为企业提供高效的软件开发环境，包括代码管理、构建、测试等，从而提高软件开发的效率和质量。云计算平台还可以为企业提供各种开发工具和应用程序，例如人工智能、大数据、区块链等，从而帮助企业实现数字化转型和信息化建设。

④云安全服务。云安全服务是一种基于云计算技术的安全服务。云安全服务可以为企业和政府机构提供各种安全服务，包括网络安全、数据安全、应用程序安全等。企业可以利用云安全服务来保护其业务数据和信息安全，还可以通过云安全服务来满足各种合规要求。

⑤云物联网。云物联网是一种利用云计算技术来管理和控制物联网设备的方式。云物联网可以为企业提供全面的物联网解决方案，包括物联网设备管理、数据管理、应用程序开发等。企业可以利用云物联网来实现设备的远程监控和管理，从而提高设备的可靠性和效率。

3. 区块链

（1）概念分析。

区块链是一种分布式数据库技术，它的出现和发展引起了全球的广泛关注和重视。随着技术的不断成熟和应用场景的不断拓展，区块链技术将成为数字化经济和数字社会的重要基础设施之一，推动数字经济和数字社会的发展。在数字新基建中，区块链技术作为信息基础设施的一部分，具有很大的发展潜力和广阔的应用前景。

（2）技术基础。

区块链技术是一种去中心化的分布式数据库技术，它的特点是去除了传统的中心化数据存储方式，而采用了分布式节点存储方式。区块链中的每个节点都有一个完整的数据库，每个节点都可以对区块链的数据进行添加、修改和查询。所有的节点通过密码学技术保证数据的安全性、可信性和不可篡改性，从而形成一个去中心化的数据库系统。

在区块链技术中，最重要的两个概念是区块和链。区块是一组数据的集合，每个区块中包含了多个交易信息和一个指向上一个区块的指针。链是由多个区块按照时间顺序连接而成的。每个区块的生成都需要通过密码学技术进行加密和验证，只有被验证通过的区块才能添加到区块链中，从而保证数据的安全性和可靠性。

区块链技术的基础架构主要包括以下几个方面。

①去中心化网络结构。区块链技术采用去中心化的网络结构，每个节点都有自己的完整数据库，通过互相通信来实现数据的传输和共享。

②密码学技术。区块链技术采用密码学技术来保证数据的安全性、可靠性和不可篡改性，包括哈希算法、数字签名、非对称加密等技术。

③共识算法。区块链技术采用共识算法来实现对数据的验证和确认，保证数据的一致性和可靠性。目前主流的共识算法包括工作量证明（PoW）、权益证明（PoS）和拜占庭容错（BFT）等算法。

④智能合约。智能合约是一种自动执行的计算机程序，可以在区块链上运行，通过程序代码定义一系列的规则和条件，实现自动化的交易和业务流程。

（3）应用领域。

随着数字新基建的不断推进，区块链技术在其中的应用也越来越广泛，主要体现在以下几个方面。

①金融领域。区块链技术可以实现去中心化的数字货币交易和结算，以及智能合约的自动执行，从而提高金融交易的效率和安全性。在数字新基建中，区块链技术可以应用于金融基础设施的建设，例如银行的结算系统、证券交易系统和保险理赔系统等。

②物流领域。区块链技术可以实现物流信息的全流程可追溯，从而提高物流的效率和透明度。在数字新基建中，区块链技术可以应用于物流信息平台的建设，例如货物跟踪、安全保障和风险控制等。

③电力领域。区块链技术可以实现电力市场的去中心化交易和能源交易的可信度验证，从而提高电力交易的效率和可靠性。在数字新基建中，

区块链技术可以应用于电力市场的建设，例如电力交易平台和能源交易系统等。

④政务领域。区块链技术可以实现政务信息的安全存储和可靠传输，从而提高政务信息的透明度和安全性。在数字新基建中，区块链技术可以应用于政务信息平台的建设，例如政务公开、选举投票和社会保障等。

⑤其他领域。区块链技术还可以应用于其他领域，例如物联网、医疗、教育和文化等。在数字新基建中，区块链技术可以应用于相关领域的建设，例如智能物联网平台、健康管理系统和文化数字化平台等。

（4）技术基础设施的主要组成。

区块链技术的应用需要基于一定的技术基础设施，以下是区块链技术基础设施的主要组成部分。

①区块链底层技术。区块链底层技术是区块链技术的基础，包括去中心化网络结构、密码学技术、共识算法和智能合约等。区块链底层技术的完善和优化可以提高区块链系统的性能和安全性。

②区块链应用开发平台。区块链应用开发平台可以帮助开发者快速开发和部署区块链应用，通常包括区块链开发框架、智能合约开发工具、应用程序接口（API）和软件开发工具包（SDK）等。这些工具可以帮助开发者快速部署区块链应用，提高开发效率和应用质量。

③区块链安全技术。区块链安全技术主要包括密码学技术、身份认证技术、数据加密技术和审计技术等。这些技术可以保障区块链系统的安全性和稳定性，防止黑客攻击和数据泄露等安全问题。

④区块链云服务平台。区块链云服务平台提供的服务包括区块链节点管理、数据存储、智能合约部署和管理等。这些服务可以帮助开发者快速搭建和部署区块链应用，降低开发成本和运营成本。

⑤区块链监管机构。区块链监管机构包括政府部门、行业协会和标准化组织等。这些机构可以制定相关标准和规范，保障区块链技术的发展和应用，防止不法分子利用区块链技术进行违法活动。

（5）面临挑战和问题。

虽然区块链技术在数字新基建中的应用前景非常广阔，但是，区块链技术也面临着一些挑战和问题，主要包括以下几个方面。

①技术成熟度不高。区块链技术目前还处于发展初期，技术成熟度不

高，存在性能低下、可扩展性差、能耗高等问题。需要不断优化和改进底层技术，提高系统性能和稳定性。

②法律和监管不完善。区块链技术在应用过程中，存在数据隐私保护、知识产权保护、合规性等法律和监管方面的问题。需要建立完善的法律和监管机制，保障区块链技术的合规性和稳定性。

③安全性风险较高。区块链技术的去中心化和匿名性特点，也会带来一些安全性风险，例如黑客攻击、恶意代码、数据篡改等。需要加强安全性管理和技术措施，提高区块链系统的安全性和稳定性。

④应用场景有限。目前区块链技术的应用场景还比较有限，主要应用于金融、物流、供应链等领域。需要不断拓展应用场景，扩大应用范围，提高区块链技术的普适性。

（6）发展趋势。

未来，随着区块链技术的不断发展和应用，将呈现以下几个方面的发展趋势。

①技术成熟度提高。随着区块链技术的不断发展，底层技术将不断优化和改进，性能将得到提高，扩展性将得到改善，能耗将得到降低，技术成熟度将得到提高。

②应用场景不断拓展。区块链技术的应用场景不断拓展，将涉及更多的行业和领域，如医疗、教育、电商等。未来的区块链技术将成为数字化社会的基础设施之一，支撑数字化经济和社会的发展。

③区块链与人工智能的结合。将带来更多的创新应用和商业模式，例如区块链+智能合约+人工智能，可以实现自动化管理和智能合约执行，提高系统的效率和效益。

④国际合作和标准化。随着区块链技术的国际化和普及化，国际合作和标准化将成为发展的重要支撑。各国政府和行业协会将加强合作，共同制定相关标准和规范，推动区块链技术的健康发展。

三、算力基础设施

1. 数据中心

数据中心是数字新基建中的算力基础设施之一，是为数字经济、人工智能、云计算、大数据等领域提供高性能计算能力的基础设施之一。随着数字经济和人工智能等新兴产业的快速发展，数据中心的建设和发展越来越受到重视。本书将对数字新基建中的数据中心进行详细介绍。

（1）概念解析。

数据中心是指集中存储和管理数据的设施，可以提供可靠的数据存储、备份、恢复和安全等服务。数据中心是数字经济、云计算、大数据等领域的基础设施，也是为企业提供信息化服务的重要场所。数据中心采用高性能服务器、网络设备和存储设备等硬件，以及操作系统、数据库和应用程序等软件，提供企业级的数据存储、计算和应用支持。

数据中心的发展可以追溯到20世纪60年代的IBM公司，当时IBM在美国新约克市的曼哈顿区建立了一座数据中心，用于处理公司的财务数据。数据中心的发展经历了从主机时代到分布式计算时代，再到云计算时代的演变。目前，全球数据中心的数量已经有数千个，其中规模最大的数据中心拥有数万台服务器，数据中心的总容量已经达数千艾字节。

（2）主要组成。

数据中心主要包含硬件设备、软件系统、人员组成。

①硬件设备。主要包括服务器、存储设备、网络设备和备份设备等。其中，服务器是数据中心的核心设备，用于处理各种业务数据和应用程序。存储设备用于存储各种数据，包括文件、数据库、应用程序等。网络设备包括路由器、交换机、防火墙等，用于管理数据中心内部和外部的网络通信。备份设备主要用于备份和恢复数据，以确保数据的可靠性和安全性。

②软件系统。主要包括操作系统、数据库和应用程序等。操作系统是数据中心服务器的核心软件，负责管理计算资源、文件系统、网络通信等。数据库用于存储和管理各种数据，如客户信息、订单数据、供应链数据等。应用程序包括各种业务系统和管理系统，如企业资源计划（ERP）系统、人力资源管理（HRM）系统、客户关系管理（CRM）系统等。

③人员组成。主要包括技术人员和管理人员。技术人员主要负责数据中心的设计、建设、运维和安全等方面的工作。管理人员负责数据中心的管理、协调和规划等方面的工作，包括人员管理、预算管理、合规管理等。

（3）主要分类。

数据中心可以根据不同的方式进行分类，以下为几种常见的分类方式。

①按照用途分类。按照用途可以将数据中心分为企业级数据中心、云数据中心、政府数据中心等。企业级数据中心主要服务企业内部的信息化建设，云数据中心则为云计算提供服务，政府数据中心则主要为政府部门提供信息化支持。

②按照规模分类。按照规模可以将数据中心分为小型数据中心、中型数据中心和大型数据中心。小型数据中心一般规模较小，主要服务中小型企业；中型数据中心规模较大，服务大型企业或政府部门；大型数据中心规模较为庞大，可以服务全球范围内的用户。

③按照机房类型分类。按照机房类型可以将数据中心分为单租户机房和多租户机房。单租户机房一般由单个企业独占，多租户机房则可以为多个企业提供服务。

（4）建设与运营。

①数据中心的建设需要考虑多方面因素，如硬件设备选型、机房布局设计、网络架构规划、环境控制等。在硬件设备选型方面，需要根据业务需求和性能要求选择合适的服务器、存储设备和网络设备等。在机房布局设计方面，需要考虑设备的密度和散热问题，合理设计设备的摆放位置和通风系统。在网络架构规划方面，需要考虑数据中心内部和外部的网络通信，合理设计网络拓扑结构和安全策略。在环境控制方面，需要考虑机房的温度、湿度、灰尘等因素，确保设备的正常运行。

②数据中心的运营需要考虑多方面因素，如设备监控、安全管理、维护保养、备份恢复等。在设备监控方面，需要实时监测设备的状态和性能指标，及时处理设备故障和预警信息。在安全管理方面，需要建立完善的安全体系，包括物理安全和网络安全，保证数据中心的信息和设备的安全性。在维护保养方面，需要对设备进行定期的检修和维护，以确保设备的稳定性和可靠性。在备份恢复方面，需要定期对数据进行备份，并制定完善的备份和恢复策略，以应对意外故障或灾难事件。此外，数据中心的运营还需要考虑能源消耗和环境保护问题。数据中心的能源消耗量较大，因此需要采取一些措施降低能源消耗，如采用能源高效利用的硬件设备、优

化机房的温度和湿度等。同时，为了保护环境，数据中心需要采用环保型的设备和材料，合理处理废弃设备和材料，降低对环境的影响。

（5）发展趋势。

①可持续性发展。随着人们环境保护意识的提高，数据中心在未来的发展中将更加注重可持续性发展。数据中心将采用更加高效的能源利用方式，如太阳能和风能等可再生能源，以降低对传统能源的依赖，同时也能减少能源成本和环境污染。

②智能化技术。未来的数据中心将越来越智能化，通过引入人工智能、机器学习等技术，实现数据中心的自动化运营和管理。智能化技术可以大幅提高数据中心的效率和安全性，同时也能降低人力成本和运营风险。

③云计算和边缘计算。随着云计算和边缘计算技术的进步，数据中心的发展将更加多样化。云计算将成为数据中心的一个重要发展方向，同时边缘计算也将成为数据中心的一个重要发展趋势。边缘计算将数据中心从传统的集中式模式转向分布式模式，可以更加快速地处理数据和应用程序，提高数据中心的响应速度和性能。

④安全和隐私保护。随着数据泄露和隐私泄露事件的不断发生，数据中心的安全和隐私保护将成为一个重要的发展趋势。数据中心将加强对安全技术的研究和应用，如数据加密、身份认证、访问控制等技术，保护数据和用户的隐私。

⑤5G 和物联网技术。随着 5G 和物联网技术的进步，数据中心将成为连接大量设备和传感器的重要节点，可以通过 5G 和物联网技术实现更加快速、稳定和安全的数据传输和应用交互。未来数据中心不仅是存储和处理数据的地方，还将成为连接和交互数据的重要平台。

2. 智能计算中心

智能计算中心是数字新基建中的算力基础设施之一，它是指集中化的、高性能的计算资源中心，能够支持人工智能、云计算、大数据分析等各种计算密集型应用。智能计算中心的建设和发展，对于提高数字经济发展水平，推动数字化转型升级具有重要意义。

（1）概念解析。

智能计算中心是指一个集中化的、高性能的计算资源中心，其目的是支持人工智能、云计算、大数据分析等计算密集型应用。智能计算中心的建设需要考虑多个方面的问题，如计算资源的规模、性能和可扩展性，网络和存储基础设施的可靠性和高效性，以及安全和管理等问题。智能计算中心可以为企业和组织提供强大的计算和存储资源，以支持复杂的科学计算、工程仿真、金融分析、人工智能应用等。

（2）主要功能。

智能计算中心主要有以下几个功能：

①提供高性能计算资源。智能计算中心可提供高性能的计算资源，以满足科学计算、工程仿真、金融分析等应用的需求。这些计算资源通常采用分布式存储和并行计算技术，能够支持大规模的并行计算和数据处理，提高计算效率和性能。

②支持大数据分析。智能计算中心具有大规模的存储和处理能力，能够支持大数据分析和挖掘，以帮助企业和组织更好地理解和利用数据。通过采用高速网络和分布式存储技术，智能计算中心能够快速地读取和处理数据，提供数据可视化和智能分析服务。

③支持人工智能应用。智能计算中心提供的高性能的计算资源和人工智能算法库，能够支持各种人工智能应用的训练和推理。通过采用深度学习和强化学习等技术，智能计算中心能够提高人工智能应用的准确性和效率，为企业和组织提供更好的服务。

④提供云计算平台。智能计算中心还能提供云计算平台，通过云计算技术，向用户提供计算资源和应用软件服务。用户可以通过云计算平台实现自助服务，根据自己的需求选择不同的计算资源和应用软件服务，实现灵活的计算资源管理和应用部署。

⑤实现资源共享和协同。智能计算中心提高了资源的利用效率。不同的用户可以共享同一批计算资源和应用软件，从而避免了资源浪费和重复投资。此外，智能计算中心还可以实现资源的动态调配和优化，根据用户的需求实现资源的动态分配和调度，提高了计算资源的利用率和效率。

（3）主要建设模式。

智能计算中心的建设模式有多种，可根据不同的需求和应用场景选择不同的建设模式。

①单一机房式。单一机房式智能计算中心是最常见的一种建设模式，

通过集中化的计算资源、存储资源和网络基础设施，为企业和组织提供高性能的计算和存储服务。这种建设模式具有集中化管理、高性能、易于管理等优点，但是，容易出现单点故障和资源浪费的问题。

②分布式。分布式智能计算中心是指利用分布式计算技术和智能算法，将计算资源和智能算法集中到一个中心进行管理和调度，通过分布式存储和计算技术，实现资源的共享和协同。这种建设模式具有容错性高、资源利用率高、灵活性强等优点，但是管理和维护成本较高。

③混合式。混合式智能计算中心是一种将单一机房式和分布式结合起来的建设模式。通过集中化管理核心计算资源和存储资源，同时，将较为稳定的应用部署在单一机房中，将具备高可用性和容错性的应用部署在分布式的机房中，以实现资源的高效利用以及应用的高可用性和容错性。

（4）技术发展趋势。

智能计算中心的技术发展趋势主要体现在以下几个方面。

①异构计算技术。异构计算技术是指通过将不同架构的计算资源（如CPU、GPU、FPGA 等）进行组合和集成，实现计算资源的高效利用和应用性能的提升。在智能计算中心中，异构计算技术可以实现对不同类型计算任务的高效处理和资源利用，提高应用性能和效率。

②AI 技术。是指利用 AI 技术对大数据进行分析和处理，实现自主学习、自动优化和智能决策的能力。在智能计算中心中，AI 技术可以应用于智能计算资源的调度和优化、应用性能的自动优化、安全风险的识别和预警等方面，提高智能计算中心的智能化水平和效率。

③5G 技术。5G 技术是指第五代移动通信技术，具有高速率、低时延、大连接等特点。在智能计算中心中，可以支持大规模的物联网应用场景，实现智能城市、智能工厂等领域的应用。

④数据安全和隐私保护技术。数据安全和隐私保护技术是一种对数据进行加密、授权、审计等的技术手段，用以保护数据的安全性和隐私性。在智能计算中心中，数据安全和隐私保护技术可以实现对用户数据的安全存储和处理，避免数据泄露和滥用，保障用户数据的安全性和隐私性。

（5）应用场景。

智能计算中心具有广泛的应用场景，包括以下几个方面。

①云计算。智能计算中心可以作为云计算平台，为用户提供高性能的

计算和存储服务，实现计算资源和应用软件的共享和协同，以提高计算资源的利用率和效率，降低企业和组织的 IT 成本。

②大数据分析。智能计算中心可以应用于大数据分析场景中，通过集中化管理和分布式存储技术，实现大规模数据的存储和处理，以提高数据分析的效率和精度。

③人工智能。智能计算中心可以应用于人工智能领域，通过异构计算技术和 AI 技术，实现对人工智能算法的高效处理和优化，以提高人工智能算法的性能和效率。

④智能城市。智能计算中心可以应用于智能城市场景中，通过物联网技术、5G 技术等手段，实现对城市的信息化、智能化管理，包括城市交通、城市安全、环境监测等方面，以提高城市的运行效率和居民的生活质量。

⑤医疗健康。智能计算中心可以应用于医疗健康领域，通过对医疗数据的集中管理和分析，实现对疾病的预测和诊断，以提高医疗诊断和治疗的效率和精度。

⑥智能工厂。智能计算中心可以应用于智能工厂场景中，通过对生产线和设备的智能化管理和协同，实现对生产过程的优化和控制，以提高生产效率和产品质量。

⑦金融领域。智能计算中心可以应用于金融领域，通过对金融数据的集中管理和分析，实现对金融风险的预测和管理，以提高金融业务的效率和风险控制能力。

四、融合基础设施

融合基础设施是指将边缘计算、云计算和传统数据中心结合起来构建的一种全新的计算基础设施。通过融合基础设施，可以实现边缘计算和云计算的双向协同，充分发挥各自的优势，提供更灵活、高效、安全和可靠的计算服务。其主要目标是将信息技术与传统基础设施相融合，提高其智能化、自动化、数字化水平，以实现更高效、更安全、更可持续的运营和管理。

（一）智能交通基础设施

随着城市化进程的不断推进，城市交通问题成为全球面临的共同难题。智能交通基础设施是指利用现代化的信息技术手段对城市交通进行智能化管理的设施，可以更加高效地解决城市交通拥堵、环境污染等问题，提高城市交通的安全性和可持续性。

1. 主要内容

智能交通基础设施主要包括道路交通设施、车辆交通设施、人员交通设施和信息交通设施四个方面。

（1）道路交通设施。

道路交通设施是指在城市道路上安装的智能交通设施，包括智能交通信号灯、智能公路监控系统、智能交通标志等。智能交通信号灯是城市交通中不可缺少的设施，它能够根据道路交通状况自动调整红绿灯的时间，提高道路交通的效率。智能公路监控系统是指通过视频监控技术对城市道路交通情况进行实时监控，可以及时发现交通事故和交通拥堵情况。设置智能交通标志则是为了方便驾驶员和行人的出行，通过智能化技术进行标志信息的更新和调整，可使道路交通更加安全便捷。

（2）车辆交通设施。

车辆交通设施是指对城市内行驶的车辆进行智能化管理的设施，包括智能车载导航系统、智能停车场系统、智能交通安全控制系统等。智能车载导航系统能够为驾驶员提供准确的行车路线，使其能够更加快捷地到达目的地。智能停车场系统则能够帮助驾驶员找到空闲的停车位，减少其停车等待时间。智能交通安全控制系统可保障驾驶员和乘客的安全，通过车载传感器和通信技术对车辆行驶情况进行监测，及时发现危险情况并进行预警。

（3）人员交通设施。

人员交通设施是指为城市内行人提供智能化出行服务的设施，包括智能行人导航系统、智能步行街管理系统，使行人能够更加快捷地到达目的地。智能步行街管理系统则是对城市内的步行街进行管理，通过智能化技术对步行街的人流及周边车流情况进行监测和调控，提高步行街的安全性和舒适度。建立智能公共交通系统则是为了提高城市公共交通的服务质量，通过智能化技术对公共交通线路进行优化，提高公共交通的效率和准确度。

（4）信息交通设施。

信息交通设施是指城市内各种智能交通设施之间进行联通的设施，包括智能交通数据中心、智能交通互联网等。智能交通数据中心的任务是集中管理和分析城市内各种智能交通设施所采集的数据，通过数据挖掘和分析，为城市交通管理提供科学依据。智能交通互联网则是将城市内各种智能交通设施进行联网，形成一个智能化的交通网络，提高城市交通管理的整体效率和水平。

2. 发展机遇与面临挑战

（1）发展机遇方面。随着5G、人工智能、物联网、区块链等技术的不断发展，智能交通基础设施将会更加智能化、高效化和安全化，将会得到更加广泛和深入的应用和发展，为城市经济和社会发展带来更多的韧性与活力。

（2）面临挑战方面。一是智能交通基础设施的建设和管理需要大量的资金和技术投入，城市管理者需要对这些设施的效益和成本进行全面评估，避免建设过度和浪费资源。二是智能交通基础设施的建设涉及政府部门、行业企业和公众之间的协作，需要统筹规划和协调，才能达到最佳效果。三是智能交通基础设施的安全性也需要得到充分的保障，防止黑客攻击、数据泄露等问题的发生。

（二）智慧能源基础设施

智慧能源基础设施是指利用信息技术、通信技术等高科技手段来优化能源的生产、传输、储存和使用，从而实现能源高效利用、可持续发展的一种基础设施。它是当前融合基础设施建设的一个重要领域，对于促进经济社会可持续发展、提高能源利用效率、减少能源浪费等具有重要意义。下面将从几个方面详细介绍智慧能源基础设施。

1. 智慧能源生产

智慧能源生产是指通过数字化、智能化等手段对能源生产过程进行优化和智能控制，从而提高能源生产的效率和质量。智能化生产系统通过各种传感器、控制器等设备对生产过程进行实时监测和控制，以最小化能源浪费和资源消耗。智能化生产系统还能根据天气、用电量等数据预测能源需求，合理制定生产计划，从而确保能源供给的稳定性和可靠性。此外，智能化生产系统还能通过能源互联网实现能源之间的协同，提高能源利用效率和生产效益。

2. 智慧能源传输

智慧能源传输是指利用智能化和信息技术来优化能源传输系统的管理和运营，提高能源的效率和可持续性。智能化能源传输系统可以实现对能源传输过程的实时监测和控制，提高传输效率和安全性。此外，智能化能源传输系统还能通过能源互联网实现能源之间的协同，提高能源传输的效率和可靠性。

3. 智慧能源储存

智慧能源储存是指利用智能化技术和先进的储能技术，对能源进行有效的储存和管理，提高能源的可靠性和可持续性。智能化能源储存包括储能技术、智能储能管理系统、能量管理和优化、储能设施的智能化等方面。此外，智能化能源储存系统还能通过能源互联网实现能源之间的协同，提高能源储存的效率和可靠性。

4. 智慧能源使用

智慧能源使用是指通过数字化、智能化等手段对能源使用过程进行优化和智能控制，从而提高能源使用的效率和节约能源。智能化能源使用系统可以实现对能源使用过程的实时监测和控制，从而达到节约能源、减少浪费的目的。例如，在家庭中，智能化能源使用系统可以通过智能电表实现对家庭用电的监测和控制，帮助家庭实现节能减排的目的。

5. 智慧能源互联网

智慧能源互联网是指通过数字化、智能化等手段将分散的能源资源进行集成和管理，从而实现能源资源的高效利用。智能化能源互联网可以实现对能源的统一监控，提高能源的利用效率和生产效益。例如，在城市能源系统中，智慧能源互联网可以将分散的可再生能源资源进行集成和管理，从而实现对城市能源的高效利用。

6. 智慧能源安全

智慧能源安全是指通过数字化、智能化等手段对能源的安全进行监测和保护，从而保障能源的稳定供应和安全使用。智能化能源安全系统可以实现对能源供应链的监测和控制，保障能源的供应安全。此外，智能化能源安全系统还可以实现对能源使用过程的监测和控制，保障能源的安全使用。

7. 智慧能源市场

智慧能源市场是指通过数字化、智能化等手段对能源市场进行监测和调控，实现能源市场的稳定和有序运行。智能化能源市场可以实现对能源价格的监测和调控，保障能源市场的稳定和公正。此外，智能化能源市场还可以促进新能源的发展和应用，实现能源的可持续发展。

8. 智慧能源服务

智慧能源服务是指通过数字化、智能化等手段对能源服务进行提升和优化，实现能源服务的高效和个性化。智能化能源服务可以对能源消费者的需求进行精细化分析和预测，提供个性化的能源服务。例如，在工业生产中，智能化能源服务可以实现对生产过程的实时监测和控制，优化能源的使用效率和生产效益。

9. 智慧能源产业

智慧能源产业是指以信息技术、通信技术等高科技手段为支撑，利用智慧能源基础设施和智慧能源市场，实现能源高效利用、低碳环保、可持续发展的一种新兴产业。智慧能源产业涉及能源生产、传输、储存和使用等方面，涵盖了能源产业链的各个环节。

总之，智慧能源基础设施是未来能源发展的重要趋势和方向。它可以促进能源的高效利用、低碳环保、可持续发展，提高能源产业的智能化水平，推动经济社会的可持续发展。因此，在未来应该大力发展智慧能源基础设施，实现能源的高效利用和可持续发展。

五、创新基础设施

创新基础设施是指为了支持科学研究和创新活动而建立和发展的各种设施和平台。创新基础设施对于促进科技创新和推动经济发展具有重要作用，它提供了研发、测试、验证、商业化等各个环节所需的硬件、软件、设备和资源支持。

（一）重大科技基础设施

随着科技的不断进步和发展，创新基础设施已经成为各国科技创新发展的重要组成部分，而在创新基础设施中，重大科技基础设施是重要一环。

1. 概念解析

重大科技基础设施，是指为实现科技创新和推动经济社会发展而建设的大型、复杂、高投入的科技基础设施。

（1）大科学装置。大科学装置是指用于进行基础科学研究的大型科技设施。例如，核聚变实验装置、大型粒子加速器、天文观测站等。此类装置在探索自然规律、解决重大科学问题、推动科技进步方面发挥着重要作用。

（2）大型科研基地。大型科研基地是指具有较高水平科研机构和设施的大型科技园区。例如，北京中关村科技园区、上海张江高科技园区等。此类科研基地提供了优越的科研条件和资源，吸引了大量高端科技人才和科技企业，推动了科技成果的转化和产业化。

（3）大型科技工程。大型科技工程是指为了实现重大科技目标而开展的大规模、复杂的科技工程。例如，航天工程、海洋工程、高速铁路工程等。此类工程在提升国家综合实力、推动经济社会发展方面发挥着重要作用。

2. 主要作用

一是推动科技创新。重大科技基础设施是实现科技创新的重要保障。它为科学家和工程师提供了更好的科研条件和技术支持，推动了科技成果的转化和产业化，推进了科技创新和进步。

二是促进经济社会发展。重大科技基础设施是促进经济社会发展的重要手段。它可以带动相关产业的发展，促进技术进步和产业升级，提升国家综合实力和竞争力。

三是提高一国的国际影响力。重大科技基础设施还可以提高一国的国际影响力。一些大型科学装置和科技工程是国际合作的产物，促进了国际交流与合作。

3. 发展趋势

一是促进多学科交叉融合。未来的重大科技基础设施将更加注重多学科交叉融合。科技创新已经从单一学科向多学科交叉发展，重大科技基础设施也需要跟随这个趋势，打破学科壁垒，促进学科间的交流和合作。

二是加快网络化、数字化、智能化进程。新技术可以提高设施的运行效率和数据处理能力，促进科学家和工程师之间的协作和交流，使得科技创新更加高效和精准。

三是促进全球合作、共享资源。未来的重大科技基础设施将更加注重全球合作、共享资源。这些设施的建设和运行需要大量的投入和资源，国际合作和资源共享可以降低成本和风险，提高设施的效益和产出。

（二）科教基础设施

科技创新是国家和人类社会发展的重要驱动力，科教基础设施是推动科技创新和人才培养的重要基础设施之一，对于提高我国的科技水平和竞争力具有重要的战略意义。

1. 概念与分类

科教基础设施是指为推动科技创新和人才培养提供必要条件的基础设施，主要包括科研场所、教学场所、人才培养设施、科技服务设施和科技信息平台等。

（1）科研场所。包括实验室、试验场、科学研究中心、科研机构和科技企业等，是开展基础研究和应用研究的重要场所。

（2）教学场所。包括教室、实验室、讲授厅、实习室、图书馆、计算机房等，是开展高等教育、职业教育和继续教育的重要场所。

（3）人才培养设施。包括学生宿舍、食堂、运动场、文化活动中心、社会实践基地等，是为学生提供生活和学习条件的重要设施。

（4）科技服务设施。包括技术转移中心、产业孵化器、科技创新中心、科技咨询服务机构等，是为企业和社会提供科技服务的重要设施。

（5）科技信息平台。包括科技信息网站、科技期刊、科技图书馆、科技数据库等，是为科研工作者和科技管理人员提供信息服务的重要平台。

2. 主要作用

科教基础设施是推动科技创新和人才培养的重要条件和保障，作用主要表现在以下几个方面。

（1）促进科技创新。科教基础设施为科研工作者提供必要的研究条件和技术支持，促进科技创新的开展。同时，它也为科技成果的转化和推广提供了必要的基础条件。

（2）支持人才培养。科教基础设施为学生提供了优质的学习环境和丰富的学习资源，有助于提高他们的学习质量和能力。同时，科教基础设施也为教育工作者提供了必要的教学和管理支持，提升了人才培养的质量和效益。

（3）推动产业发展。科教基础设施为企业提供了技术及模式的创新，促进了产业升级。同时，它也为科技人才的培养和就业提供了必要的基础条件。

（4）促进社会进步。科教基础设施为社会提供了科技成果和创新服务，促进了社会进步和民生改善。同时，它也为科技普及和科学素养的提高提供了必要的支持和保障。

3. 不足之处

科教基础设施的建设是推动科技创新和人才培养的重要保障。在我国，科教基础设施的建设取得了重要进展，但仍存在不足。具体表现在以下几个方面。

（1）资金投入不足。科教基础设施建设需要大量的资金支持，但现实情况是，政府和企业的投入力度仍然不足。这导致一些科研机构和高校的设施设备更新缓慢，影响了科技创新和人才培养的质量和效率。

（2）区域发展不平衡。在我国，科教基础设施的建设存在明显的地区差异。一些经济落后的地区，科教基础设施建设落后，科技创新和人才培养水平相对较低。

（3）管理和服务不到位。科教基础设施的建设不仅是设施和设备的建设，还需要完善的管理和服务支持。但现实情况下，一些科研机构和高校的管理和服务仍存在不足和不规范的情况，影响了科技创新和人才培养的质量和效率。

4. 发展趋势与面临挑战

未来的发展趋势和面临的挑战主要表现在以下几个方面：

（1）多元化和智能化。未来科教基础设施的建设将会更加多元化和智能化，更加注重提高数据化、网络化和智能化的水平。例如，虚拟现实技术和人工智能技术的应用，将会带来更加优质的教学和研究体验。

（2）国际化和开放化。未来科教基础设施建设将会更加国际化和开放化，注重与国际先进水平接轨和交流合作，促进科技创新和人才培养的国际化进程。例如，国际化的科研合作项目和留学生教育项目的开展。

（3）绿色化和可持续发展。未来科教基础设施建设将会更加注重绿色化和可持续发展，注重节能减排和环保，推动科教基础设施的可持续发展。例如，开展清洁能源和智能化节能技术的建设项目。

（4）全方位和个性化。未来科教基础设施建设将会更加注重全方位和个性化的需求，注重为不同学习和研究群体提供定制化的服务和支持，提高科技创新和人才培养的质量和效率。例如，针对不同学科和领域的实验室和设施的建设。

（三）产业技术创新基础设施

产业技术创新基础设施是促进经济发展和提高国家竞争力的重要支撑，同时也是我国实现科技强国战略的重要举措之一。

1. 概念解析

产业技术创新基础设施是指为产业技术创新提供支撑的一系列基础设施，包括基础研究、技术研发、技术服务、人才培养等方面。科技创新已成为推动经济增长和提高国家竞争力的关键，而产业技术创新基础设施则是实现科技创新的重要保障和推动力量。

2. 建设的重要性

从经济角度来看，产业技术创新基础设施的建设可以带动技术转移、人才流动、企业合作等多方面的产业发展，加速科技成果向市场转化，有助于我国产业升级和转型发展，推进经济高质量发展。从社会角度来看，产业技术创新基础设施的建设可以促进科技创新和经济发展，增强国家竞争力和综合实力，同时也可以提高民生福祉和社会福利，实现可持续发展。

3. 建设现状

近年来，我国加大了对产业技术创新基础设施的投入和支持力度，制定了一系列相关政策和措施，鼓励企业加强自主创新，推进科技成果转化和应用，提高企业的创新能力和竞争力。如，《国家中长期科技发展规划纲要（2006—2020 年）》《关于深化科技体制改革加快建设创新型国家的若干意见》等，都明确提出支持产业技术创新基础设施建设的目标和举措。目前，我国已经建立起了一批具有国际竞争力的科技创新平台，包括国家企业技术中心、国家重点实验室、国家工程技术研究中心、国家工业创新中心、国家大科学装置等。这些平台以其强大的技术研发能力、广泛的合作网络、优秀的技术人才以及领先的科技成果，为企业的技术创新提供了全方位的支持和服务，成为我国产业技术创新的重要支撑。同时，还涌现出一批新型创新平台，如众创空间、孵化器、加速器等，此类平台以其灵活的运营机制、快速的响应能力、多元的服务内容、开放的资源共享，能够更好地服务中小型、初创型企业，帮助它们快速成长和发展。整体来看，我国在产业技术创新基础设施的建设方面已取得长足进步。

4. 问题与挑战

尽管我国在产业技术创新基础设施建设方面已经取得了一些进展，但仍然存在一些问题与挑战。

一是科研机构、孵化器等创新平台在服务内容、服务质量、机制创新等方面存在不足。例如，一些孵化器的服务内容过于单一，缺乏专业化优质服务，无法满足企业的实际需求；一些科研机构的研发方向和研究内容不够贴近企业实际需求，难以转化成实际应用；一些平台的机制过于僵化，无法灵活适应市场变化和企业需求变化。

二是产业技术创新基础设施建设存在一定的地域分布不均和企业规模不适应的问题。一些地区、行业和企业规模较小，难以享受到国家和地方政策的支持，缺乏必要的技术支撑和资源共享平台，致使其在技术创新方面的竞争力缺乏。

5. 主要措施

针对上述问题与挑战，可以采取以下措施：

一是加强对创新平台的建设和管理，注重提高服务质量和专业化水平，加强机制创新和资源整合，提高平台的服务效能和市场竞争力。

二是加强对产业技术创新基础设施的地域分布和企业规模适应性的支持。鼓励在一些地区和行业重点推动产业技术创新基础设施的建设，加大对中小企业和初创企业的扶持力度，为其提供必要的技术支撑和资源共享平台。

三是加强政策和资金支持，制定相关政策和措施，推动科技成果转化和应用；同时，加大对产业技术创新基础设施建设的投入力度，优化资金和资源配置，提高资金使用效率和效益。

四是推动创新生态系统建设，注重产业链和价值链的协同创新，促进企业间的合作与交流，搭建起一个良好的创新生态系统。同时，加强人才培养和引进，提高企业的技术创新能力和人才竞争力。

技术篇

第四章
数字技术

第一节　移动互联网

一、移动互联网由来

移动互联网是相对传统互联网（Internet）而言的，在互联网的发展过程中，传统互联网大都是通过 PC 电脑加网络构成的互联网。传统互联网有它的优势，如电脑配置更高、屏幕更大、展示内容更多更详尽等，但是也有它的掣肘之处——访问端的电脑不能随时移动。

随着宽带无线接入技术和移动终端技术的飞速发展，人们迫切希望能够随时随地从互联网获取信息和服务，移动互联网应运而生。随着通信网络的发展，特别是 4G、5G 网络的发展，移动互联网呈井喷之势，获得了蓬勃发展。

移动互联网（Mobile Internet，MI）是一种通过智能移动终端（如手机），采用移动无线通信方式获取所需资源的新模式。随着移动通信网络的全面覆盖，及 4G、5G 移动电话用户扩张带来用户结构不断优化，支付、视频、电商等各种移动互联网应用普及，带动数据流量呈爆炸式增长。

二、移动互联网应用场景

目前，移动互联网正全面渗透到人们生活、工作的各个领域，社交、移动支付、娱乐视频、位置服务等丰富多彩的移动互联网应用迅猛发展，也正成为人们日常生活必需的内容。

近几年，随着 3G、4G、5G 技术的跨越式发展，及全球网络信号的覆盖，使得身处大洋和沙漠中的用户，仍可随时随地保持与世界的联系。通过移动互联网，人们可以使用手机、平板电脑等移动终端设备浏览网页、使用在线搜索、视频聊天、移动网游，观看手机电视、音视频，在线阅读，参与网络社区活动等，移动互联网正深刻改变着信息时代人们的生活。

移动互联网应用在不同阶段有不同的重点，概括起来有以下几种。

移动阅读。移动阅读是指利用移动智能终端阅读小说、电子书、报纸、期刊等，特别是热门的电子报纸、电子期刊、电子图书馆等功能如今已深入现实生活中。移动阅读区别于传统的纸质阅读，真正实现了无纸化浏览，方便用户随时随地浏览，具有很大的增长潜力。

移动游戏。移动游戏主要指手机游戏，也包括通过平板、电脑访问的互联网电子游戏。由于游戏是人们日常生活娱乐的重要手段，移动游戏是目前移动互联网最热门的应用之一。

移动视听。移动视听是指通过手机登录移动终端在线观看视频、收听音乐及广播等音视频。

移动搜索。移动搜索是指以手机等移动设备为终端，访问传统互联网，搜索自己所需要的信息资源。随着互联网内容的海量增加，人们查找信息的难度会不断加大，内容搜索需求也会随之增加。相比传统互联网的搜索，移动搜索需求更迫切，对技术的要求更高。移动搜索引擎需要整合现有的搜索理念，实现多样化的搜索服务，智能搜索、语义关联、语音识别等多种技术都要融合到移动搜索技术中来。

移动社交。移动社交是指以手机等移动终端为载体的网络社交，如QQ、微信等日常交流活动。

移动电子商务。移动电子商务是通过手机等移动终端，参与各种商业经营活动的一种新型电子商务模式，它是移动互联网发展形成的新电子商务形态，也是电子商务的一条分支。移动电子商务是移动互联网的转折点，它突破了仅仅用于娱乐层面的移动互联网应用，使更多企业用户参与进来。

移动支付。移动支付是用户使用手机等移动终端对所消费的商品或服务进行账务支付的一种商业模式。移动电子商务能够蓬勃发展，安全快捷的移动支付是重要的支撑部分。

三、移动互联网发展历程

移动互联网发展可以归纳为四个阶段：初级阶段、成长阶段、成熟阶段和全面发展阶段。

1. 初级阶段（2000—2007 年）

移动互联网的初级阶段，移动应用终端使用基于 WAP（无线应用协议）的应用模式。在移动互联网的初期，主要使用 2G 等移动通信技术进行数据传输。这些技术虽然速度较慢，但为人们提供了上网、邮件收发、信息查询等基本的移动互联网功能。

WAP 应用是移动设备用于访问互联网的通信协议和技术，旨在为移动设备提供简化的互联网浏览和应用服务。在移动互联网初级阶段，WAP 应用是主要的移动应用形式。主要包括移动门户网站、电子邮件、即时通信、信息查询等。在移动互联网初级阶段，WAP 应用为移动设备提供了基本互联网功能，尽管有一些技术和使用上的限制，但也为移动互联网的后续发展奠定了基础。随着移动技术的进步，WAP 应用逐渐被现代化的移动应用取代。

2. 成长阶段（2008—2011 年）

2009 年 1 月 7 日，工业和信息化部为三大运营商发放了第三代移动通信（3G）牌照，此举标志着中国正式进入 3G 时代。3G 移动网络建设掀开了移动互联网发展新篇章。与 WAP 应用相比，3G 移动网络具有更高的带宽和更快的传输速度，使得移动设备拥有了更好的用户体验、更多的多媒体应用、大规模的应用商店，促进了社交媒体的崛起、移动支付的发展，从而吸引了海量的用户人群。

3. 成熟阶段（2012—2013 年）

随着手机硬件技术的快速迭代发展，以及手机操作系统生态圈的全面发展，智能手机获得了快速发展。智能手机具有强大的硬件性能，处理器、存储容量和内存大小等硬件性能大幅提升，使得手机可以运行更复杂的应用程序和游戏，同时处理速度更快。智能手机具有更高的屏幕分辨率。智能手机屏幕的分辨率得到了显著提高，显示效果更加细腻和清晰，用户可以更好地享受到高质量的图像和视频。智能手机具有更丰富的功能。智能手机具备了更多的功能，如高像素的摄像头、支持多种输入方式的触摸屏、支持多种传感器的定位功能等。操作系统更新和应用生态发展。智能手机的操作系统不断更新，为用户提供更好的体验和更多的功能；同时，应用商店提供了大量的应用程序和游戏，丰富了用户的选择。

智能手机的普及和快速发展推动了移动互联网的蓬勃发展。用户可以随时随地进行在线购物、社交、支付等各种操作，使得移动互联网成为现代生活中不可或缺的一部分。同时，手机厂商之间竞争激烈，智能手机大规模量产，推动了智能手机在中低收入人群的大规模普及应用，使得移动上网用户人数实现了极大发展。

4. 全面发展阶段（2014 年至今）

5G 通信网络的普及，以及智能手机软硬件的发展让更多的人群随时随地接入移动网络，用户人数的增多也促进了移动互联网应用的发展，大量新奇的应用，正在深刻改变着信息时代人们的生活，移动互联网正在迎来新的发展浪潮。

四、我国移动互联网发展概况

我国在移动互联网方面起步不晚，发展迅速，在世界范围基本属于第一梯队，下面我们主要论述我国移动互联网的发展状况。

（一）移动网络基础建设蓬勃发展

根据 2022 年《中国移动互联网发展报告》，截至 2022 年 4 月，我国已建成 5G 基站 161.5 万个，成为全球首个基于独立组网模式规模建设 5G 网络的国家，5G 终端用户超过 5 亿户，占全球 80%以上。

依据中国互联网络信息中心（CNNIC）发布的第 49 次《中国互联网络发展状况统计报告》，截至 2021 年底，移动电话用户和移动互联网用户总数 16.43 亿户，全年净增 4875 万户，5G 移动电话用户达到 3.55 亿户。

（二）移动互联网用户和流量持续增长

截至 2021 年 12 月底，中国手机网民规模达 10.29 亿人，全年增加了 4373 万人，同比增速放缓。

移动互联网流量快速增长。2022 年《中国移动互联网发展报告》显示，2021 年，移动互联网接入流量达 2216 亿 GB，比上年增长 33.9%。全年移动互联网月户均流量（DOU）达 13.36 GB，同比增长 29.2%。

（三）手机 App 分发量增长

截至 2021 年 12 月，国内市场上监测到的 App 数量达 252 万款，较

2020年12月减少93万款，其中游戏应用程序以70.9万款的数量位列第一。

游戏、日常工具、音乐视频移动应用App下载量位居前三。截至2021年底，我国第三方应用商店在架应用分发总量达到21072亿次，同比增长31%。游戏类移动应用的下载量居首位，达3314亿次；其次为日常工具类、音乐视频类、社交通信类。

5G行业应用进一步拓展。截至2021年11月，5G行业应用创新案例超10000个，覆盖工业、医疗、车联网、教育等20多个国民经济行业，近五成的5G应用实现了商业落地。

（四）互联网企业收入利润与投融资规模增长

（1）截至2021年底，我国上市互联网企业总市值达12.4万亿元，同比下降30.3%。

2021年我国规模以上互联网和相关服务企业完成业务收入15500亿元，同比增长21.2%，共实现营业利润1320亿元，同比增长13.3%。

（2）2021年我国互联网投融资金额513.5亿美元，同比增长42.36%；发生投融资事件2427笔，同比增长41.19%。行业投融资热点领域集中于企业服务、互联网金融、电子商务与医疗健康等。

（3）2021年我国无线经济规模约为4.4万亿元。5G投资1849亿元，占电信固定资产投资比例达45.6%。据测算，2021年5G直接带动经济总产出1.3万亿元，相比2020年增长33%。

五、近年来我国移动互联网发展特点

（一）“5G+工业互联网”呈蓬勃发展态势

近年来，我国工业互联网政策引领作用持续增强，行业呈现快速发展趋势。截至2021年底，我国“5G+工业互联网”在建项目超过1800个，应用于工业互联网的5G基站超过3.2万个，具有一定影响力的工业互联网平台超过153家，接入设备总量超过7800万台套，服务企业超163万家。

工业互联网投融资规模大幅攀升，2021年完成非上市投融资事件346起，同比增长11.6%；披露总金额突破680亿元，同比增长85.9%。

1. 人工智能技术（AI）应用不断加快

2021年，我国在用数据中心标准机架总规模超过400万架，总算力约90 EFLOPS，我国人工智能开源开放平台超40个，语音、视觉、自然语言处理等人工智能开放服务能力进一步提升；人工智能与移动互联网相结合的应用开始广泛覆盖智慧城市、智慧交通等日常生活。

2. 区块链应用进一步拓展

近两年来，区块链产业发展迈入新阶段。中央及各大部委陆续出台推动区块链应用落地政策，区块链应用也步入实用阶段。

3. 物联网进入实际应用阶段

目前，物联网已广泛应用于装备控制、工程机械、航天制造等传统行业，通过传感器、嵌入芯片的布设实现工业生产的智能感知和决策。搭载了物联网传感器的可穿戴设备、智能家居、智慧医疗、车联网、灾害预警系统等应用开始进入大众日常生活。

（二）移动互联网应用在商业方面

1. 移动网络应用打造网络消费新格局

2021年，全国网上零售额达13.1万亿元，比上年增长14.1%，占社会消费品零售总额的24.5%。特别是以“95后”“00后”为代表的“Z世代”以及“银发一族”网民的增长，带来了新的消费场景与模式。社交电商、直播电商等新业态新模式持续发展，成为驱动经济增长的新引擎。

2. 移动网络应用在线文旅、手机外卖引领新型消费

近年来，各地及各平台等通过VR等技术打造新型文旅融合产品，推动“云上旅游”“在线演唱会”等常态化。截至2021年12月，我国在线旅行预订用户规模达3.97亿人，同比增加5466万人。

我国网上外卖用户规模达5.44亿人，同比增长29.9%。生鲜、药品等各类非餐饮业务加入外卖行业，成为重要的消费增长点。

《2021年中国游戏产业报告》数据显示，中国游戏市场实际销售收入2965.13亿元，同比增长6.40%；自主研发游戏海外市场销售收入180.13亿美元，同比增长16.59%。

移动网络应用通过电子商务持续助力乡村振兴。近年来，相关部门出

台促进农村电商发展的系列政策，发力乡村市场数字化基础设施建设，推动网络零售新模式向广大农村普及，引领农产品出村新渠道。《中国农村电子商务发展报告（2021—2022）》显示，2021 年全国农村网络零售额同比增长 11.3%，达 2.05 万亿元；全国农产品网络零售额同比增长 2.8%，达 4221 亿元。

（三）移动互联网应用在社会民生方面

1. 数字政府建设进入深化提质新阶段

各地政务服务事项实现网上办、掌上办、一网通办。截至 2021 年底，全国一体化政务服务平台用户人数超 10 亿人，实现了工业产品生产许可证、异地医疗结算备案、社会保障卡申领等事项“跨省通办”。

2. 公共服务类应用进一步拓展

近年来，我国医保信息化持续发力，在线医疗获得深入发展。人工智能推动智能化医学影像辅助诊断从概念到落地，5G 网络建设推动远程医疗与影像云平台能力提升，均为在线医疗发展提供了技术保障。

智慧交通方面也取得了不俗的业绩，网约车发展迎来新的历史机遇。同时，无人驾驶汽车也在一线城市进入了实用阶段。

六、我国移动互联网发展趋势

（一）5G 行业应用创新赋能产业体系升级

随着 5G 与各行各业的融合逐步深入，基础软硬件、终端、网络、安全等各环节都会推动产业升级，甚至与各行业共同变革催生新的产业体系。未来，5G 能力开放平台及行业基础能力平台，将成为产业升级的发力点和突破点。

（二）元宇宙产业应用融合进一步深化

元宇宙代表了虚拟空间与现实世界的融合发展趋势。当下的应用场景主要在社交和娱乐领域，未来有可能拓展至工业、教育、金融、文艺、科学等领域。虽然元宇宙发展形态尚不确定，但是进一步增强元宇宙核心技术基础能力，推动产业应用融合，有利于数字经济发展。

（三）移动互联网红利进一步全民普及

2022 年，移动互联网红利将进一步下沉至三、四线城市及广大农村地区，老年人等群体使用移动互联网的数字鸿沟将进一步弥合，共享移动互联网的“数字红利”。随着产业互联网快速推进，移动互联网进一步赋能千行百业，推动数字技术与实体经济深度融合发展。

（四）数字乡村与数字政府建设进程提速

2022 年，多地将数字政府建设作为优化营商环境的重要举措，力求以数字政府建设倒逼改革，积极推动政府数据资源开放共享。与此同时，各地区积极将教育、医疗、农技、政务服务等通过信息平台延伸至乡村，切实提升乡村数字化水平。预计数字政府与数字乡村建设将不断提速，赋能经济发展，进一步提升政务服务水平与社会治理能力现代化水平，为数字经济的发展保驾护航。

第二节　云计算

云计算是一种基于互联网（Internet）的计算模式，通过互联网连接的远程服务器（或者称云端服务器）提供计算资源和服务。用户无须部署自己独有的服务器，使用简单终端设备（如浏览器）便可通过网络获取所需要的运算功能、存储空间、数据库等各种应用与服务。

一、云计算主要特点

（1）云计算可以为公众或企业提供所需的计算和存储资源，如虚拟机、存储、数据库、应用程序等。

（2）云计算必须提供高可用性、可靠性和安全性的服务；实现灵活、可扩展的计算和存储。

（3）用户可以根据需求随时获取（如购买）上述资源，无须购买和维护独立的服务器，以降低采购与维护成本。

二、云计算应用场景

云计算技术经过这些年的发展，已经渗透到我们的生活中，比如我们经常使用的在线存储服务（如百度云、手机云端存照片等），就是云计算技术的一种应用。

云计算更广泛的发展前景在于众多企业的信息化建设运用，传统的企业信息化建设需要购买大量的硬件设备，需要大量的费用以及人力投入，而云计算技术可以减少或避免这种大量投入，企业只需按需付费使用，无须关心云资源的具体配备情况，大大降低了成本和风险。

同时，云计算技术还可以避免企业自身配置服务器可能会出现的宕机，数据崩溃、丢失等安全隐患，提高企业的数据安全性和可靠性，保障企业的业务连续性。

三、云计算服务模式

目前，云计算服务模式主要有三种，分别是：基础设施即服务（IaaS）、平台即服务（PaaS）和软件即服务（SaaS）。此外，还有功能即服务（FaaS）、数据即服务（DaaS），这些服务模式可以根据用户的需求进行组合和定制，让用户可以以更高效的方式获得所需计算资源和服务资源。

1. 基础设施即服务（IaaS）

IaaS 全称为 Infrastructure-as-a-Service，即基础设施即服务。提供基础计算资源，如虚拟机、存储空间和网络连接等。用户可以根据需求弹性地租用这些资源，省去了自行购买、配置和维护硬件设备的时间和成本。

2. 平台即服务（PaaS）

PaaS 全称为 Platform-as-a-Service，即平台即服务。服务商将开发、测试和管理软件应用程序的平台整合为一种资源，当用户有开发需求时，服务商通过互联网为客户开发人员提供构建应用程序和开发服务的平台。用户可以专注于应用程序的开发和部署，无须担心底层基础设施的管理。

3. 软件即服务（SaaS）

SaaS 全称是 Software-as-a-Service，即软件即服务。它是一种通过互联网提供软件服务的模式，以订阅的方式提供完整的应用程序服务，用户通过互联网直接使用应用程序，而无须自行安装和维护软件。常见的 SaaS 应用包括在线办公套件、客户关系管理（CRM）系统和企业资源规划（ERP）系统等。

用户可以快速获得所需的软件功能，无须关心软件的安装和维护，同时能够根据实际需求灵活调整使用的服务规模。对于企业来说，SaaS 可以减轻 IT 部门的负担，提高效率和灵活性。

四、企业采用云计算优势

1. 降低成本

通过使用云计算技术或服务，企业或个人无须花费大量金钱购买计算机等设备，也减少了维护成本，能大大降低 IT 架构成本。

云计算还可以减少与停机有关的成本，由于云端服务器一般都具备很高的配置和备份功能，宕机很少发生，这意味着企业和个人不必花费时间和金钱来解决与停机相关的潜在问题。

2. 数据安全

无论企业规模大小以及属于什么行业，企业运营的各种数据是企业最重要的资产，保证数据安全是每个企业最关心的问题之一。

传统的 IT 架构方法是所有数据都存储在本地计算机服务器上，受成本所限，只能有简单的数据备份配置，服务器仍可能会因为某种原因发生故障，如病毒、设备老化、恶意攻击，以及人为的操作错误等，但是，如果将数据上传到云服务器，任何连接到互联网的计算机都可以访问它，即使本地计算机服务器发生故障，也不影响云服务器的数据安全。

云服务器提供了许多高级安全功能，可确保安全地存储和处理数据。如身份验证、访问控制和数据加密、存储冗余、快速数据恢复等。

3. 方便扩展

不同规模的公司有不同的计算与 IT 需求，基于云服务的方案非常便于扩展，非常适合需求不断增长或变化的企业。如果业务需求增加，则可以简单增加云容量，而无须增加本地 IT 基础架构。这种简便的快速扩展特点可以使用云计算的企业具有更多效率和成本优势。

同时，这种可扩展性将内部运营问题和维护相关的风险降至最低。

4. 随时随地访问

云计算可以通过智能手机和便携电脑对公司数据进行随时随地访问，只需点击几下，即可轻松存储、检索、恢复或处理云服务器中的资源。而且，云服务器所有升级和更新都是由服务提供商完成的，这大大节省了维护系统的时间，减少了本地配置 IT 团队资源。

5. 竞争优势

以上优势可以让采用云计算的企业相比它们的竞争对手，快速拥有效率、安全及成本上的竞争优势。

五、云计算面临的挑战

1. 数据安全

云计算的数据安全取决于服务商提供的数据安全性。如果服务商的实力或专业能力一般，其提供的数据安全性也值得关注。

2. 云服务器应用程序集成的复杂性

当许多应用程序需要连接到云上的应用程序，以及新应用与其他内部应用程序连接时，都要考虑到程序与数据架构的集成，这无疑从本地需求和云端服务商角度增加了集成的难度与复杂性，从而也增加了成本。

3. 可靠性和可用性

云服务提供商很难做到真正的 7×24 小时服务，这可能会引起服务的中断，可靠性和可用性受到影响。

4. 性能和带宽成本

使用云服务，企业虽然在服务器硬件上节约了资金，但是需要花费更多的钱来扩展网络带宽，这对小型应用可能是降低了成本，但对于数据密集型应用可能费用反而更高，总体下来并没有达到节约成本的目的。

5. 对服务提供商的依赖

云计算的一个主要问题是对服务提供商的依赖。企业部署了云计算服务以后，其数据生成和使用过程可能需要部分适应服务商的要求，久而久之，就对服务商产生了服务依赖，相当于被迫“绑定”了某服务商，如果将来更换服务商，需要更改的数据会很多，提高了更换服务商的成本。

第三节　大数据

一、大数据概念

大数据（big data）可以描述为一种数据管理难题，由于数据量、数据速度和数据多样性方面的需求日益增加，人们无法使用传统数据库来解决这种难题。

我们通常会从容量（volume）、种类（variety）、价值（value）、速度（velocity）四个方面来描述。

（一）大量化

这也是大家最容易想到的。比如我们日常生活中离不开的微信、支付宝，我们的任意聊天或者支付都会有相应的记录，这样每天将会产生数十亿条、百亿条乃至更多条数据。这仅仅是一天的量，那一个月呢？一年呢？与此类似的场景在各行各业均有涉及。

IDC 发布《数据时代 2025》的报告显示，全球每年产生的数据总量在 2025 年将达到 175 ZB，平均每天约产生 491 EB 的数据。其中，中国数据圈以 48.6 ZB 成为最大的数据圈，占全球 27.8%，如果以 1 TB 的硬盘来存储这些数据的话，每年需要 500 多亿元。

（二）多样化

数据包括结构化数据、非结构化数据和半结构化数据，而这些数据可能来自传统企业数据、社交数据及物联网数据。

1. 结构化数据

结构化数据以行为单位，每一行就是一条记录，每行数据的属性是相同的，能够用统一的结构表示，说白了就是可以用关系型数据库（RDBMS）来进行管理的数据。

2. 非结构化数据

非结构化数据没有固定的数据结构，一般将其作为一个整体进行存储，比如各种图片、视频、音频等。

3. 半结构化数据

半结构化数据内部用成对的标签记录对应的数据，但每个文档内部的标签又不是统一的，没有固定的规律，比如 HTML 和 XML 文档。

（三）价值密度低

单条记录基本无意义，无用数据多，但是整个数据集综合价值大、隐含价值大，所以需要对大数据进行分析和挖掘，从数据金矿中掘金。比如，我们拿到一个电商网站的售卖记录数据集，单看其中任意一条记录，不外乎知道了某个人买了什么东西，但是我们要是把这个人所有的购买记录拿在一起进行分析，就能得出这个人的购买偏好，从而对他进行精准商品推荐。

（四）速度快

在这个万物互联的时代，每时每刻都在产生数据，而这些数据需要被及时处理掉，因为存储价值密度较小的历史数据需要花费很大的存储成本，非常不划算。一般平台保存的历史数据只有几天或者一个月，再久远的就要清理掉，所以数据处理的速度也必须跟上，谁家处理速度更快，谁家就更具竞争力。

二、大数据发展历程

1. 无大数据概念

只有部分关键数据历史分析，还称不上大数据，能产生数据但没有采集。

2. 了解大数据

运营过程中发现大数据产生，有数据流处理过程，但过程数据未做保留。

3. 大数据管理

针对业务过程开始收集大数据，对数据进行分析并改善生产能力。

4. 大数据创新

大数据与AI结合预测结果和改进生产能力，互联网+大数据创新，实现智能化管理。

三、大数据作用

（一）行业洞察及预测能力

通过分析大数据，可以发现之前未被发现的模式、趋势和相互关联，从而为企业或组织提供更深入的洞察，并帮助企业做出更准确的决策。例如，通过分析大数据，可以预测市场需求、预测产品销售量、预测客户行为等，从而帮助企业合理安排生产和销售计划。

零售行业。通过分析大数据，零售企业可以了解不同地区的消费习惯、购买偏好和行为趋势，从而优化产品定价、推广策略和库存管理。同时，通过分析顾客的购物记录和偏好，零售企业可以实施个性化推荐，提升客户满意度和忠诚度。

金融行业。金融机构可以利用大数据分析客户的交易记录、信用评级、贷款历史等，进行风险评估和反欺诈分析，预测客户的还款能力和信用风险等，从而更好地管理风险、提高贷款审核效率。

医疗行业。医疗机构可以利用大数据分析患者的病历、病理检查结果、基因组数据等，预测患者的病情发展、提供个性化治疗方案和药物推荐。同时，通过分析大数据，医疗机构可以检测疫情、预测辅助就诊需求等，提供更好的医疗服务。

物流行业。物流公司可以通过分析大数据，预测采购需求、货物运输路径、物流节点效率等，优化供应链管理。同时，通过分析路况、气象等数据，物流公司可以实时调整运输计划，提高配送效率。

传媒行业。传媒公司可以通过分析大数据了解观众和读者的兴趣和偏好，提供个性化的内容推荐和定制化的广告服务。同时，通过分析用户的观看和阅读习惯，传媒公司可以优化内容制作和传播策略，提升用户体验和内容传播效果。

（二）自动智能决策能力

大数据可以为企业提供实时的决策支持和指导，帮助企业领导层做出更快速、更准确和更明智的决策。同时，大数据还可以支持自动化系统和智能化系统的开发和应用，如自动化生产线、智能交通系统等。

金融行业。金融机构可以利用大数据和机器学习模型分析客户的交易数据和行为模式，自动评估客户的信用风险和投资价值，从而自动决策是否给予贷款或投资。

生产制造行业。生产制造企业可以利用大数据分析生产过程中的各种关键指标，如原材料供应、工人生产效率、设备故障率等，通过机器学习模型进行预测和优化，从而自动决策如何优化生产计划和维护设备。

供应链管理。公司可以利用大数据和人工智能技术分析供应链中各个环节的数据，如供应商的交货准时率、库存水平、运输成本等，通过机器学习模型进行优化和预测，自动决策如何选择供应商、订单调度和库存管理。

交通运输行业。交通运输公司可以利用大数据分析车辆和交通数据，如路况、交通流量等，通过机器学习模型预测最佳路线和出行时间，从而自动决策最佳出行方案。

市场营销行业。市场营销公司可以利用大数据分析市场趋势、消费者偏好等数据，通过机器学习模型预测不同广告策略的效果，从而自动决策如何投放广告和制定营销策略。

（三）提高及优化运营效率

通过分析大数据，可以深入了解企业内部运营的各个环节，发现潜在的问题和机会，并提出相应的改进措施。这有助于优化运营流程、提高工作效率、节约成本等。

实时数据分析。大数据技术可以实时收集和分析各种数据，如销售数据、生产数据、用户行为数据等。企业可以根据实时数据分析结果，及时调整运营策略和决策，提高业务效率。

自动化决策。利用大数据和机器学习技术，可以训练模型对数据进行学习和预测，从而自动化做出决策。例如，根据历史销售数据和市场趋势，自动预测需求和库存，并做出相应的生产和采购决策。

优化运营流程。通过大数据平台的数据分析能力，企业可以深入了解各项业务的指标和细节，发现问题和瓶颈，并提出优化建议。例如，通过分析生产流程和设备数据，可以发现流程中的瓶颈和设备故障，提出优化措施，提高生产效率。

个性化服务。大数据技术可以帮助企业分析用户的行为和偏好数据，从而向用户提供和推荐个性化的服务。这不仅可以提高用户满意度，还可以提高企业的营销效果。

风险管理。利用大数据和机器学习技术，企业可以对风险进行监控和预测，并及时采取相应的措施。例如，金融行业可以利用大数据和机器学习技术分析客户的交易数据和信用风险，及时发现和防范潜在的风险。

（四）个性化推荐及定制化服务能力

通过分析大数据中的个别消费者行为和偏好，可以为用户提供个性化的产品推荐和服务定制。这不仅可以提高客户满意度，还可以增加销售额和客户黏性，提升企业竞争力。

个性化推荐。利用大数据技术和机器学习算法，企业可以分析用户的历史行为数据、购买记录、偏好等信息，从中挖掘出用户的个性化兴趣和需求。基于这些数据，企业可以向用户推荐与其兴趣相关的产品、内容和服务，提高用户的满意度和购买转化率。

定制化服务。大数据不仅可以洞察用户的兴趣和偏好，还可以分析用户的个人特征和需求，从而提供定制化的服务。例如，电商企业可以根据用户的购买历史、身份特征和地理位置等信息，为用户提供个性化的购物体验和专属优惠。

智能化客服。利用大数据和自然语言处理技术，企业可以分析用户的问题和需求，帮助其解决问题或提供个性化建议。通过智能客服系统，企业可以提高客户服务的效率和质量，并为用户提供更加个性化的服务体验。

定制化产品设计。通过分析用户的需求和喜好数据，企业可以了解用户对产品的期望和偏好，从而设计和定制出更适合用户的产品。定制化产品不仅可以提高用户的满意度，还可以提升产品的竞争力。

个性化营销。利用大数据分析用户的行为和偏好，企业可以对用户进行精准的营销推送，提高营销效果。通过个性化营销，企业可以更好地满足用户的需求，增强用户对品牌的认同度和忠诚度。

（五）促进模式及业务创新能力

大数据可以帮助企业发现新的商机和市场需求，从而促进创新和新业务模式的发展。例如，通过分析大数据，可以发现新的产品需求、新的市场趋势，从而推动企业的产品创新和业务转型。

数据驱动决策。大数据可以帮助企业获取海量的用户数据和市场数据，通过数据分析和挖掘，可以实现数据驱动的决策。企业可以基于数据的指导，制定更准确的市场策略和业务决策，降低决策的风险。

新产品开发。通过分析用户的需求、行为和反馈数据，企业可以发现新的产品机会和创新点。同时，大数据也可以帮助企业快速验证新产品的可行性和市场潜力，缩短产品开发周期和降低开发风险。

个性化定制。大数据可以实现对用户的个性化定制，为用户提供更符合其需求和偏好的产品和服务。通过对用户数据的分析和挖掘，企业可以更好地了解用户的兴趣、偏好和需求，从而提供个性化的产品和服务，提升用户体验感和满意度。

创新商业模式。大数据可以帮助企业发现新的商业模式和机会。通过分析市场和用户数据，企业可以发现行业的痛点和机会，创新出符合市场需求的新商业模式，提供独特的价值和竞争优势。

效率提升。大数据可以帮助企业提升内部的运营效率和服务质量。通过对企业内部数据的分析和挖掘，企业可以及时发现和解决问题，优化运营流程，提高效率和质量。

四、大数据分析

大数据分析是指通过对大规模数据的收集、整理、存储和分析，揭示隐藏在数据中的规律、趋势和关联关系，以获得有价值的洞察和决策支持。大数据分析可以通过以下几个步骤来实现。

（1）数据收集和整理。首先，需要收集大规模的数据，包括结构化数据（如数据库中的数据）和非结构化数据（如文本、图片、音频等）。其次，对数据进行清洗和整理，去除噪声和错误，并将数据转换成可分析的格式。

（2）数据存储和处理。将整理好的数据存储到适当的数据库或数据仓库中，以便进行后续的分析。在存储的同时，也需要建立适当的数据处理和管理系统，以便对数据进行高效的处理和检索。

（3）数据分析和挖掘。使用各种数据分析技术和工具，对数据进行挖掘和分析，以寻找其中的规律、趋势和关联关系。常用的数据分析方法包括统计分析、数据挖掘、机器学习等。

（4）数据可视化和呈现。将分析得到的结果以可视化的方式呈现，如图表、图像、地图等，以便更直观地理解和传达数据的洞察和结论。数据可视化也可以帮助发现更深层次的关联和趋势。

（5）洞察和决策支持。根据数据分析的结果，得出相关的结论，并基于这些洞察和结论做出有效的决策和行动。大数据分析的目的就是通过洞察和决策支持，帮助企业优化业务流程、改进产品和服务、发掘新的商机等。

总体来说，大数据分析是一种通过利用大规模数据和相关技术，挖掘出有价值的信息和洞察，以指导决策和创新的过程。它可以帮助企业发现商机、优化运营、提高效率和竞争力。那么，大数据分析包括哪些内容呢?

（一）可视化描述性分析

描述性分析是对历史数据进行整理和总结，以了解数据的基本特征和趋势。这种分析方法主要用于汇总和展示数据，如制作数据报告、仪表盘和图表等。

（二）预测性分析

预测性分析通过对历史数据进行建模和分析，以预测未来的趋势和结果。这种分析方法通常使用统计模型、机器学习和数据挖掘技术，以从数据中发现模式和规律，并预测未来的行为和事件。

（三）分类和聚类分析

分类和聚类分析是将数据分组和分类的一种方法。分类分析通过建立统计模型或机器学习算法，将数据划分为不同的类别，以识别数据中的模式和关联性；而聚类分析则是将数据分成不同的群组，以发现数据的相似性和共性。

（四）关联分析

关联分析是研究数据中物品之间关联关系的一种方法。通过挖掘数据中的关联规则，可以发现不同物品之间的关联性和相关性。关联分析常用于市场篮子分析、交叉销售推荐等领域。

（五）时间序列分析

时间序列分析是对时间相关数据进行建模和预测的一种方法。这种分析方法通过分析数据在时间维度上的变化规律，以预测未来的趋势和变化。时间序列分析常用于经济预测、股票价格等。

（六）语义分析（文本挖掘）

文本挖掘是从大规模文本数据中提取有用信息的一种方法。通过分析文本的语义、情感、关键词等特征，可以挖掘出文本数据中的模式、趋势和关联关系，用于情感分析、舆情监测、文本分类等应用。

五、大数据技术

随着技术的不断发展，大数据技术也在不断演进和扩展。不同业务需求和场景下，可能会使用不同的大数据技术和工具，重点来说，大数据技术包括以下几个方面。

数据存储与处理技术，包括分布式文件系统（如 Hadoop 的 HDFS、Apache HBase 等）和分布式数据库（如 Apache Cassandra、MongoDB、Apache Druid 等），用于存储和管理大规模数据集。

分布式计算框架，如 Hadoop、Spark 等，以并行和分布式的方式处理大规模数据集。

数据采集与集成技术，包括数据抓取、数据清洗、ETL 流程等技术，用于从各种源头（包括结构化数据和非结构化数据）收集和整合数据。

数据挖掘和机器学习技术，包括各种统计分析、机器学习和深度学习算法，用于从大规模数据中发现模式、趋势和关联关系，做出预测和决策。

可视化和交互技术，包括数据可视化工具（如 Tableau、Power BI 等）和交互式分析工具，用于将大数据分析结果以易于理解和操作的方式展示给用户。

数据安全和隐私保护技术，包括数据加密、身份验证、访问控制等技术，用于保护大数据的安全性和隐私性。

云计算和容器化技术，如云平台（如 AWS、Azure、Google Cloud 等）和容器化技术（如 Docker、Kubernetes 等），用于在分布式环境中构建和管理大数据处理和分析的基础设施。

自然语言处理和文本分析技术，用于从大规模文本数据中提取、分析和挖掘有价值的信息。

实时数据处理技术，如流处理引擎（如 Apache Kafka、Apache Flink 等），用于对数据流进行实时处理和分析。

大数据架构设计和优化技术，包括数据分片、负载均衡、缓存优化等技术，用于设计和优化大数据系统的架构和性能。

六、大数据处理方法

大数据处理方法包括以下几种。

批处理。批处理是指将数据分成较小的批次，并在每个批次中进行处理和分析。这种方法适用于不需要实时结果的场景，如每天或每周对大量数据进行统计分析。

实时处理。实时处理是指对数据流进行实时处理和分析。这种方法适用于需要快速获取实时结果的场景，如监控系统或实时交易处理。

增量处理。增量处理是指对增量数据进行处理和分析，一般结合批处理或实时处理方法使用。这种方法适用于数据量很大的情况，可以减少对全量数据的处理开销。

分布式处理。分布式处理是指利用多台计算机协作处理大数据。这种方法可以提高处理速度和可靠性，如使用 Hadoop 和 Spark 等分布式处理框架。

并行处理。并行处理是指将数据分成多个部分，并同时进行处理。这种方法可以减少处理时间，提高效率。

数据挖掘。数据挖掘是指通过分析大数据中的模式和关联来获取有价值的信息。这种方法可以用于预测和推荐等应用。

七、大数据应用及未来

智能城市。通过大数据分析，可以实现城市各个领域的智能化管理，如交通管理、能源消耗优化、环境监测等。

医疗健康。大数据分析可以帮助医疗机构提升诊断准确性和治疗效果，同时也可以改善个人的健康管理和预防疾病。

金融领域。大数据分析可以用于风险评估、欺诈检测、股票预测等，帮助金融机构提供更精准的服务和决策支持。

零售行业。利用大数据分析零售企业可以了解消费者的购买习惯，从而调整产品定价，推出更精准的营销活动。

交通运输。通过对大数据分析，可以提高对交通流量的管理和优化，减少交通拥堵和事故发生，提升整体出行效率。

农业领域。利用大数据分析农业企业可以预测产量、优化农业生产和资源利用，提高农作物质量和减少资源浪费。

教育领域。大数据分析可以帮助教育机构了解学生的学习需求和进展情况，提供个性化的学习方案和教学资源。

八、大数据与云计算的关系

云计算和大数据是密不可分的。云计算是指通过网络提供一系列服务，包括存储、计算、分析等。而大数据则指的是海量的数据，这些数据通常包含结构化数据和非结构化数据，有多种来源，包括社交媒体、传感器、物联网等。

云计算提供了高效的数据存储、处理和分析的方式。云服务提供商可以通过强大的计算能力来处理海量的数据。同时，云服务提供商还可以根据客户的需求提供不同的存储和计算解决方案，以满足不同的业务需求。

云计算和大数据的相互作用，已经推动了数据分析和商业智能的发展。云计算为大数据提供了存储和计算的基础设施，使得企业和组织可以更加高效地处理和分析数据。大数据则可以帮助企业和组织做出更好的决策，提高业务效率和竞争力。

云计算和大数据的发展也推动了人工智能的发展。人工智能需要大量的数据来进行训练和优化，而云计算可以为人工智能提供强大的计算能力和存储能力。大数据可以为人工智能提供必要的数据，帮助人工智能更加准确地进行预测和决策。

总之，云计算和大数据是相互依存的。云计算提供了大数据的基础设施，而大数据又为云计算和人工智能提供了必要的数据。它们的联合发展将继续推动科技进步和商业创新。

第四节　人工智能

人工智能（Artificial Intelligence），英文缩写为 AI，是一种模拟人类智能的技术和方法，具备通过计算机系统模拟、学习和运用人类智能的能力。人工智能可以通过分析和理解大量的数据，以及利用机器学习和深度学习等算法来实现自主学习和智能决策，从而解决复杂的问题和完成各种任务。它可以模拟人类的感知、认知和决策能力，包括语音识别、图像识别、自然语言处理、机器翻译、推荐系统等。人工智能的目的是让计算机具备感知世界、理解问题、学习知识和主动处理任务的能力，进而在各个领域提供更高效、智能和便捷的解决方案。

一、人工智能的研究内容

人工智能涉及知识表示与推理、专家系统、群体智能、自主机器人等研究内容。研究内容非常广泛，涉及计算机科学、数学、认知心理学等多个领域。人工智能的研究是高度技术性和专业的，主要包括以下几个方面。

机器学习。机器学习是人工智能中的核心技术，其目标是使计算机系统通过从数据中自主学习，提取并理解数据的模式和规律，并利用这些模式和规律进行决策和预测。常见的机器学习算法包括线性回归、决策树、支持向量机、神经网络。

深度学习。深度学习是机器学习的一个重要分支，它模拟了人脑中神经网络的结构和工作原理，通过构建多层神经网络来实现复杂的模式识别和决策。深度学习在图像识别、自然语言处理等领域取得了重大突破。

计算机视觉。计算机视觉致力于使计算机系统具备理解和解释图像及视频的能力。该研究领域主要包括图像识别、目标检测、图像分割、动作识别等技术。

自然语言处理。自然语言处理是研究计算机对人类语言进行解析和理解的领域。该领域研究的内容包括文本分类、情感分析、机器翻译、问答系统等。

强化学习。强化学习是通过试错探索和奖励机制来让计算机系统自主学习并改进其决策和行为的一种方法。它在机器人控制、游戏策略等领域有广泛应用。

推荐系统。推荐系统通过分析用户行为和兴趣，预测用户的喜好，并为其推荐个性化的产品、服务或信息。

二、人工智能的主要技术问题

人工智能的研究可以分为几个技术问题。其分支领域主要为解决具体问题，其中之一是，如何使用各种不同的工具完成特定的应用程序。AI 的核心问题包括推理、知识、规划、学习、交流、感知、移动和操作物体的能力等。强人工智能目前仍然是该领域的长远目标。比较流行的方法包括统计方法、计算智能和传统意义的 AI。目前有大量的工具应用了人工智能，其中包括搜索和数学优化、逻辑推演。而基于仿生学、认知心理学及基于概率论和经济学的算法等也在逐步探索当中。

1. 机器学习

机器学习（machinem learning）是人工智能中的核心技术，其目的是使计算机系统通过从数据中自主学习，提取并理解数据的模式和规律，利用这些模式和规律进行决策和预测。常见的机器学习算法包括线性回归、决策树、支持向量机、神经网络等。

机器学习的核心是让计算机通过数据来学习模式和规律，并利用学到的知识来进行预测和决策。具体来说，机器学习的过程包括以下几个步骤。

数据收集。机器学习的第一步是收集相关的数据，这些数据可以是结构化数据（如数据库中的表格数据）也可以是非结构化数据（如文本、图像、音频等）。

数据预处理。数据预处理是机器学习中重要的一步，它包括数据清洗、数据转换和特征提取等过程，以便为后续的建模和训练做准备。

模型选择和训练。在机器学习中，需要选择适当的模型或算法来训练数据，常见的模型包括线性回归、决策树、支持向量机、神经网络等。训练模型时，使用标注好的数据进行学习，通过调整模型中的参数，使其能够从数据中提取并表示模式和规律。

模型评估。训练完成后，需要对模型进行评估，以确定模型的性能和准确度。评估可以使用各种指标和技术，如准确率、召回率、F1-score 等。

模型的应用和推广。当模型经过评估并符合要求后，可以将其应用于新的数据中，进行预测和决策。同时，也可以对模型进行优化和改进，以适应不同的应用场景。

2. 深度学习

深度学习是机器学习的一个重要分支，它模拟了人脑中神经网络的结构和工作原理，通过构建多层神经网络来实现复杂的模式识别和决策。深度学习在图像识别、自然语言处理等领域取得了重大突破。

深度学习中最常用的模型是神经网络，它由多个层次的神经元组成，每个神经元都可以对输入数据进行非线性的转换和处理。通过逐层的计算和学习，神经网络可以学习到数据中不同层次的特征表示。

深度学习中的核心技术是反向传播算法，它通过计算损失函数对模型中的参数进行更新，以优化模型的性能。反向传播算法利用链式法则来计算每个参数对损失函数的梯度，并使用梯度下降法来进行参数更新。

与传统的机器学习方法相比，深度学习在处理大规模数据和解决复杂问题上具有很大的优势。它在计算机视觉、自然语言处理、语音识别等领域取得了许多重要的突破，如图像分类、目标检测、语义分析等。

但深度学习也面临着一些挑战，如需要大量的标注数据、模型的计算等。此外，深度学习的模型结构复杂，参数众多，调参和优化也是一个挑战。

3. 计算机视觉

计算机视觉致力于使计算机系统具备理解和解释图像及视频的能力。该研究领域主要包括图像识别、目标检测、图像分割、动作识别等技术。

计算机视觉研究的任务包括图像分类、目标检测、图像分割、姿态估计、人脸识别等。其中，图像分类是指将图像分到不同的类别，目标检测是在图像中检测并定位特定的对象，图像分割是将图像分割成不同的区域等。这些任务都是计算机视觉中的重要问题，也是深度学习在计算机视觉中的主要应用领域。

计算机视觉的核心技术包括特征提取、特征匹配、模式识别等。特征提取是指从图像中提取出具有代表性的特征，特征匹配是将提取的特征与预先定义的模型进行匹配，模式识别是将匹配的结果与已知的模式进行比较并进行分类。

深度学习在计算机视觉中取得了重要的突破，特别是卷积神经网络（CNN）的应用。通过训练大规模的数据集，CNN 可以学习到有效的特征表示，并在分类、目标检测等任务中表现优秀。

计算机视觉在许多领域都有广泛的应用，如安防监控、自动驾驶、医学影像分析、人脸识别等。它在改善人们的生活和工作环境中发挥着重要的作用，并将继续在未来发展和创新。

4. 自然语言处理

自然语言处理是研究计算机对人类语言进行解析和理解的领域。该领域研究的内容包括文本分类、情感分析、机器翻译、问答系统等。

自然语言处理涵盖了许多任务和技术，包括文本分类、语义分析、机器翻译、问答系统、情感分析等。其中，文本分类是指将文本归到不同的类别，语义分析是对文本进行语义理解和表示，机器翻译是将一种语言的文本翻译成另一种语言的文本，问答系统是通过对问题进行理解和分析给出相应的答案，情感分析是对文本的情感或情绪进行分析。

自然语言处理的核心技术包括词法分析、句法分析、语义分析和语言生成等。词法分析是对文本进行分词和词性标注，句法分析是分析句子的结构和成分之间的关系，语义分析是对文本的语义进行理解和表示，语言生成是根据给定的语义表示生成自然语言文本。

深度学习在自然语言处理中也取得了重要的突破，特别是循环神经网络（RNN）和长短期记忆网络（LSTM）的应用。通过训练大规模的文本数据，RNN 和 LSTM 可以学习到文本的语义表示，并在各种自然语言处理任务中表现优秀。

5. 强化学习

强化学习是通过试错探索和奖励机制来让计算机系统自主学习并改进其决策和行为的一种方法。它在机器人控制、游戏策略等领域有广泛应用。

在强化学习中，智能体通过观察环境的状态，并采取相应的动作来影响环境。环境会根据智能体的动作反馈一个奖励信号，用来评估智能体的行为。智能体的目标是通过与环境的交互，学习到使累积奖励最大化的最优策略。

强化学习的核心是建立一个决策过程模型，它包括状态空间、动作空间、奖励函数和状态转移函数。智能体可以基于不同的决策方法进行学习和决策，如基于值函数的方法（如 Q-learning 和 Deep Q-learning）和基于策略的方法（如策略梯度方法和深度强化学习）等。

强化学习在许多领域都有广泛的应用，如机器人控制、游戏智能、自动驾驶、网络优化等。它具有较强的自主学习和适应能力，在与环境交互的过程中不断改进和优化策略，从而实现更高水平的智能行为。

6. 推荐系统

通过分析用户行为和兴趣，预测用户的喜好，为其推荐个性化的产品、服务或信息。

推荐系统广泛应用于电子商务、社交媒体、音乐、电影、新闻等领域。它可以帮助用户发现感兴趣的产品、电影、社交圈子、音乐歌单等，同时也可以帮助商家提升销量、增加用户黏性和用户满意度。

推荐系统的核心技术包括协同过滤、内容过滤、基于规则的推荐、深度学习等。其中，协同过滤是推荐系统中最常用的方法之一，它利用用户和物品之间的相似性或行为历史来进行推荐。内容过滤则是根据物品的属性和用户的偏好进行推荐，可以克服协同过滤的冷启动问题。基于规则的推荐则是根据商家的规则和策略进行推荐，如购买相似产品的用户可能也对某个产品感兴趣。深度学习则是近年来推荐系统中应用较多的方法之一，它可以通过神经网络来学习用户和物品的表示，从而进行个性化推荐。

三、人工智能的发展趋势

人工智能产业链可分为基础层、技术层和应用层。

基础层方面，AI 芯片市场、大数据服务市场将不断推进。以自主为中心的云生态建设，制定标准实现大数据交流共享，大数据产业信息安全。

技术层方面，智能人脸识别行业、智能语音识别行业将得到提升，自然语言处理技术、语音处理技术、图像处理技术等人工智能技术将相互融合。

应用层方面的智能制造、智能建筑、智慧能源、智慧医疗、智能客服、智能农业市场规模均将迎来持续的增长，如汽车/组装、金融服务、电信等高科技领域，物流、零售、媒体等行业也在智能应用中。

展望未来，人工智能将会给人类社会带来更多的惊喜和许多难以预料的变化。预测未来人工智能大致会呈现以下发展趋势。

1. 人工智能技术将加快推进大数据、云计算和物联网普及运用的进程

随着新一代信息技术革命的到来，人工智能将首先在互联网领域中得

到普及应用，在此过程中，人工智能通过与新一代信息技术——大数据、云计算、物联网、工业互联网、无人驾驶的融合发展，将会极大地提高这些领域的劳动生产率，促使这些领域飞速发展。

随着人工智能技术的日益成熟，它将会陆续进入其他领域，继续深入发展，从未来发展趋势看，人工智能的发展前景是十分广阔的。

2. 人工智能将有力促进中国的经济转型和产业升级

目前，我国互联网正处于从消费互联网转向工业互联网的发展进程之中，通过综合应用物联网、大数据和人工智能等新一代技术手段赋能传统产业，中国工业将会展现出一个全新的产业互联网。

而人工智能的大量运用，必然会在产业升级过程中释放出大量的就业岗位；与此同时，也将淘汰许多落后产能，使用现代化人工智能生产线后，将可以节省大量劳动力。

3. 人工智能将成为重要的基础知识，帮助人们就业和发展

随着人工智能的普及发展，智能体将会逐步进入生产环境，未来各行各业的工作人员在工作过程中，将会频繁与智能体进行交流与合作，这就对职场人提出了更高的要求。

在未来的工作岗位上，从业人员需要具备人工智能相关操作技术和知识储备，就业人员同样如此，因此，这也给教育市场提出了新的要求，并提供了新的发展机遇。

4. 人工智能取代大部分的流程性工作及重复性劳动，将成为不可避免的发展趋势

在解决学习的基本矛盾之前，最好的人工智能也无法与普通的 4 岁小孩相匹敌。现在 AI 已经取代了一些简单、流程化和重复性的岗位，未来随着它的不断深入发展，陆续将会有更多的流程性工作可能被 AI 取代，这是任何人都无法阻止的客观发展趋势。

5. 脑机接口将会引发一场科技风暴

（1）人工智能进入医疗保健领域，将会引发一场行业革命，促使该行业爆炸式发展。

2020 年 5 月 7 日，马斯克向全球宣布了一个重要消息，脑机接口将在一年内植入人脑。他表示“脑机”的排异概率非常小，原则上该设备可以

修复任何大脑问题，包括恢复视力、治疗瘫痪和阿尔茨海默症等。

脑机接口，简单来说就是将芯片植入人的大脑中。具体操作方法：通过一台神经手术机器人，像微创眼科手术一样安全无痛地在脑袋上打孔，在大脑内快速植入芯片，然后通过 USB-C 接口直接读取大脑信号，并可以用手机远程控制。

这项技术可以称得上是一项里程碑式的突破，它将彻底改变人与机器的交互方式，进而改变人类自身和整个社会。据报道，目前这项技术已经在老鼠身上测试成功，马斯克将在 2023 年底前，将第一块芯片植入人类患者体内。

（2）脑机接口技术成功实现后，人类可以不用说话，只需通过意念，就能随心所欲地控制外物，以意驭物。例如，早晨醒来，仅凭意念，电灯即可自动开启。若想吃早餐，心里默默下一个指令，咖啡机、煎蛋机、煎饼机自动开启，不愿起身可以操控机械臂帮你送到床前。

（3）脑机接口技术实现后记忆移植是这个领域研究的重点，凭借这一技术，一个原来不懂其他国家语言的人，将芯片植入大脑后，瞬间就能掌握五六门外语。

这项技术的终极目的，是通过脑机接口技术，把大量信息传输到电脑，或将大脑的意识上传到计算机，最终实现人类意识和记忆在计算机世界中的永生。

至于人工智能能否完全取代人类，笔者认为，没有可能。尽管现在人工智能已经初步掌握了一定的学习能力（被动学习），但即便未来人工智能学会了思考，即掌握了主动学习的能力，它仍然无法超越人类。因为人工智能不具备感性思维，无法跨越到意识领域。

第五节　物联网

一、物联网概念

物联网是一种通过连接和通信技术，将传感器、设备和系统连接到互联网上的网络。它让不同的物件和设备可以相互交流和共享信息，实现智能化和自动化的功能。通过物联网，我们可以方便地远程监控各种设备，实现智能家居、智能城市和智能工厂等应用。它的核心思想是将物理世界中的各种物体通过互联网连接起来，实现物物互联。

二、物联网体系架构

物联网的体系架构是一种分层结构，包括感知层、网络层、应用层等多个层次。感知层是物联网的基础，包括各种传感器和执行器，负责采集和感知物理世界的信息。网络层负责物联网设备之间的通信和连接，包括无线传输、有线传输等多种技术。应用层是物联网的最上层，负责处理和应用从感知层和网络层获取的数据，实现各种应用场景和功能。此外，还有数据存储和处理层，用于存储和处理海量的物联网数据。整个体系架构的设计目标是实现高效、可靠、安全的物联网通信和应用。

物联网的感知层是物联网的基础，主要由各种传感器和执行器组成。传感器负责采集和感知物理世界的信息，例如温度、湿度、压力、光线等。执行器则根据接收到的指令执行相应的动作，例如开关、调节等。感知层的传感器和执行器通过无线或有线的方式将采集到的信息传输到网络层。感知层中的传感器和执行器可以通过多种技术来实现，例如 RFID、Zigbee、蓝牙、Wi-Fi 等。不同的传感器和执行器适用于不同的应用场景和需求。感知层的设计需要考虑传感器和执行器的选择和部署，以及数据采集和传输的效率和可靠性。同时，还需要考虑能源管理和节能，以延长传感器和执行器的使用寿命。

物联网的网络层是连接物联网中各个设备和系统的关键部分。它负责管理设备之间的通信和数据传输，以实现物联网中的信息交换和协同工作。主要包括：①设备连接和管理。网络层负责物联网中的设备连接和注册，包括设备的身份认证、安全授权和配置。它还可以对设备进行监控和管理，包括远程配置、升级和故障排除等。②数据传输和路由。网络层负责将设备采集到的数据传输到目标设备或系统。它需要提供有效的数据传输协议和路由机制，以确保数据的可靠传输和快速响应。③协议转换和适配。物联网中的设备可能使用不同的通信协议和数据格式，网络层需要支持多种协议和进行协议转换，以实现设备间的互操作性和数据的整合。④安全和隐私保护。网络层需要提供安全机制来保护物联网中的设备和数据的安全性和隐私性。它可以通过加密、认证和访问控制等方式来保护通信的安全。⑤网络管理和监控。网络层具备网络管理和监控功能，包括网络拓扑维护、设备状态监测和性能优化等。它可以通过采集和分析网络数据，提供设备运行状态的实时监控和故障诊断。

物联网的应用层负责定义和实现物联网的应用功能。它是与用户和应用程序直接交互的层级，可以通过各种终端设备（如智能手机、平板电脑、智能家居设备等）来访问和控制物联网中的设备和系统。主要包括：①数据采集和传感器网络。应用层可以通过物联网中的传感器和设备采集实时环境数据和物理数据，例如温度、湿度、光照等。它还可以实现传感器网络的管理和控制，包括传感器的配置、数据采集和通信等。②远程监测和控制。通过应用层，用户可以远程监测和控制物联网中的设备和系统。例如，用户可以通过手机应用程序远程查看家庭摄像头的画面或控制家电设备的开关。③数据存储和分析。应用层可以将采集到的数据存储在云端或本地服务器，并进行数据处理和分析。它可以实现数据的可视化展示、趋势分析和智能决策等功能。④增强现实和虚拟现实。应用层可以结合增强现实（AR）和虚拟现实（VR）技术，实现与物联网中的设备和环境交互的全新方式。例如，用户可以通过 AR 眼镜查看实时的传感器数据或在虚拟环境中操作物联网设备。⑤智能化和自动化控制。应用层可以实现物联网中的智能化和自动化控制功能。例如，通过应用层的智能算法和规则引擎，可以实现自动化的家庭安防、智能照明和能源管理等。

三、物联网核心技术

1. 射频识别（RFID）技术

射频识别（Radio Frequency Identification，RFID）是一种无线通信技术，它通过使用无线电波来传输数据并对物体进行识别和跟踪。此技术拥有众多优点：无接触的自动识别、全天候识别、无接触磨损，并且能够对多个物品实现自动识别等。要实现“世界相联”的理想，可以依靠射频识别技术将全球范围内物品的跟踪信息共享。

如今，RFID 技术市场应用逐渐成熟，标签成本低廉，但是鉴于这项技术一般没有数据采集的功能，所以多用于甄别和属性的存储。在我国，这项技术主要应用在身份证识别、电子收费和物流管理领域。

2. 网络通信技术

网络通信技术包含很多技术，如 4G 通信技术、5G 通信技术，还有非常普及的无线通信技术及 M2M 技术。不同的技术应用在不同的领域，发挥出不同的作用。

在控制领域，空调 4G 远程控制器，就运用了 4G 通信技术，远程完成对空调的控制；在智慧农业中的无线灌溉中，运用了 LORA 无线通信技术，完成了自动化灌溉。

在智能领域，使机器与机器之间能够在无人为干预的情况下进行即时通信和操作。

3. GPS 技术

GPS 技术又称为全球定位系统。GPS 技术和无线通信技术相结合，就可以实现全球定位，在我国物流智能化、智能交通中具有重要作用。据悉，最早的 GPS 卫星定位系统即将达到服役年龄，我国的北斗卫星已经启用。

4. 计算机技术

在物联网中，计算机技术得到了全面的普及和广泛的应用。在 20 世纪，计算机技术是最先进的科学发明之一，物联网技术源于计算机技术，计算机技术依托物联网再次发展，从而使得万物互联互通，并为社会提供了诸多方便，得到了普通的认可。在智慧农业、智慧城市、气象站监测站等应用的设备中，传感器检测数据后上传至环境监控云平台就是运用了计算机技术。

5. 传感器技术

在物联网中，计算机技术是它的大脑，通信技术是它的血管，GPS 技术是它的细胞，射频识别技术是它的眼睛，传感器是它的神经系统。外界的一切信息，传感器都可以感觉到，并将感觉到的信息传递给大脑。

传感器技术在智能领域应用极广。

在测试领域，有工业级温湿度变送器、室内型温湿度变送器、防水壳温湿度变送器等。

在智慧农业领域，有光照二氧化碳温湿度传感器，风速、风向传感器，多功能百叶盒等。

在无线灌溉领域，有土壤 pH 值变送器、土壤温湿度变送器、土壤速测仪等。

物联网技术应用领域特别广泛，几乎包揽了所有行业，在环境监测、物流运输、商业金融、航空航天方面都遍布它的身影，或许在将来，会有更厉害的技术超越它，但现在，它依旧符合时代发展的战略需求。

6. 嵌入式系统技术

嵌入式系统技术是指将计算机系统嵌入设备或系统中，使其能够完成特定的功能或任务。经过几十年的演变，以嵌入式系统为特征的智能终端产品随处可见；嵌入式系统技术正在改变着人们的生活，推动着工业生产以及国防工业的发展。嵌入式系统技术的核心是嵌入式系统，它由处理器、内存、输入输出接口和操作系统等组成。这个系统小巧、低功耗、功能特定而高效。它可以通过各种传感器来感知和收集外部环境的信息，然后根据预定的程序来处理这些信息并做出相应的控制。由于嵌入式系统的特殊性，它需要具备实时性、可靠性和稳定性。嵌入式系统技术与普通计算机技术的不同之处在于，普通计算机通常是用来完成通用的计算和处理任务，而嵌入式系统是专门为特定的设备和任务定制的。它的设计目的是实现特定功能，如控制和监测、通信、测量和检测等。

7. 智能技术

智能技术是一种利用计算机和人工智能技术来模拟人类智能和实现智能化功能的技术。它能够使机器或系统具备类似于人类的智能能力，包括感知、理解、学习、推理、决策和交互等。智能技术可以让机器通过感知环境获取数据，然后利用机器学习算法分析和理解这些数据，从而识别和理解不同的对象和场景。同时，智能技术还能让机器具备学习能力，通过不断地获取和处理数据，机器可以自动调整和改进自身的性能和行为。通过推理和决策算法，智能技术使机器可以根据已有的知识和经验做出合理的判断和决策。智能技术广泛应用于许多领域，如智能手机、智能家居、自动驾驶、语音助手、机器人等。它能够大大提高设备和系统的智能化程度，使其能够更好地适应用户的需求和环境变化。

8. 纳米技术

纳米技术是一种研究物质在纳米尺度（也就是1~100纳米）上的特性和行为及其应用的技术。纳米尺度相当于物质的原子和分子尺度，这种技术可以让科学家和工程师控制和操作物质的最基本的组成部分。纳米技术的核心思想是通过设计和操纵纳米级的结构和材料，来创造具有特殊性能和功能的新型材料和设备。它涉及在纳米尺度（1~100纳米）上进行研究和操作，这种尺度比人类头发丝的1%还要小。通过纳米技术，科学家可以控制和改变物质的性质，创造出各种各样的纳米颗粒、纳米材料和纳米结构。这些纳米材料和纳米结构具有独特的性能，如更强的机械强度、更高的导热性、更好的电导性、更高的化学活性等。纳米技术的应用非常广泛，从医疗领域的新型药物传递系统到电子领域的纳米电路和纳米传感器，再到环境领域的纳米材料的污染治理，都离不开纳米技术的应用。

四、物联网应用

1. 智能仓库

物联网一个很好的应用就是，它能准确、真实地提供仓库管理各个环节的数据，生产企业可以根据这个数据合理地把控库存量，调整生产量。在物联网中利用SNHGES系统的库位管理功能，可以准确提供货物库存位置，这就大大提高了仓库管理的效率。

2. 智能物流

在物流商品中植入传感芯片（节点），供应链上的购买、生产制造、包装/装卸、堆栈、运输、配送/分销、出售、服务每一个环节都能无误地被感知和掌握。

3. 智能医疗

利用物联网技术，可实现患者和医务人员、医疗机构、医疗设备的互动，实现医疗智能化。物联网医疗设备中的传感器与移动设备可以对患者的生理状态进行捕捉，把生命指数记录到电子健康文件中，不仅自己可以查看，也方便了医生的查阅，实现了远程的医疗，很好地解决了当前的医疗资源分布不均、看病难的问题。

4. 数字家庭

在连接家庭设备的同时，将物联网与外部的服务连接起来，实现服务与设备互动。

5. 定位导航

物联网与卫星定位技术、GSM/GPRS/CDMA 移动通信技术、GIS 地理信息系统相结合，在互联网和移动通信网络覆盖范围内使用 GPS 技术，使用和维护成本将大大降低，并能实现端到端的多向互动。

6. 智能零售

RFID 取代了零售业的传统条码系统（barcode），使物品识别的穿透性（主要指穿透金属和液体）、距离以及商品的防盗和跟踪有了极大改进。

7. 智能交通

物联网将整个交通设备连在一起，主要以图像识别为核心技术。可以准确地收集到交通车流量信息，通过信号灯等设备进行流量的控制，这个技术的运用，将让堵车成为历史。管理人员利用这个技术能将道路、车辆的情况掌握得一清二楚，驾驶违章无处可逃，交通事故也能及时得到处理。人们的出行将得到很大的方便。

8. 智能电力

电力工程是一项重大的民生工程，对电网的安全检测是一项必修科目。以南方电网与中国移动通信 M2M 技术进行的合作为例，因为物联网的运用，自动化计量系统开始启动，故障评价处理时间得到一半的缩减。

第六节　区块链

一、区块链概念

区块链是一种去中心化的数字记录系统，它使用密码学方法保证数据的安全性和透明性。它由多个相互连接的区块组成，每个区块都包含着一系列的交易信息。每当有新的交易发生，这些交易就会被添加到一个新的区块中，并与之前的区块链接在一起，形成一个不可修改的链条。

区块链的特点之一是去中心化，即没有一个中央机构控制整个系统。取而代之的是，区块链的数据由网络中的多个节点共同来维护和验证。这意味着任何人都可以参与到区块链网络中，验证交易并维护数据的完整性，从而提高了系统的安全性和可信度。

另一个特点是数据的安全性。区块链使用密码学方法对数据进行加密和验证，确保交易和信息的安全性。每个区块都包含着前一个区块的哈希值，这使得任何试图篡改数据的行为都会被其他节点立即发现，并阻止该操作。

区块链还提供了透明性和可追溯性。由于数据是公开且不可篡改的，任何人都可以查看和验证交易的信息。这为建立信任提供了更多的可能性，特别是对于那些需要透明度和可追溯性的场景，如供应链管理和金融交易等。

区块链在网络上是公开的，可以在每一个离线比特币钱包数据中查询。轻量级比特币钱包使用在线确认，即不会下载区块链数据到存储设备中。

数字货币容易被传统金融机构视作一种新的货币，但实际上其底层技术的意义和价值远远大于其货币属性。以比特币为例，一般意义上它被当作一种点对点形式的数字货币，但从技术层面来说，它实际上是一个点对点的去中心化网络平台，这样一个网络平台依托的正是区块链技术。数字货币是依靠区块链技术搭建的全球点对点网络平台。以比特币为代表的区块链在数字货币领域的应用，也被称为 Blockchain 1.0。

二、区块链核心技术

（一）四大区块链核心技术

区块链的核心技术主要有四个部分，分别是共识机制、分布式存储、智能合约以及密码学。每个技术在区块链系统里都有各自的作用。

1. 共识机制

共识机制，其实就是我们之前所说的挖矿原理，需要一个决策机制来促成参与者达成一致。共识机制就是一种协调大家处理数据的机制，主要起到数据的维护作用。目前比较常见的共识机制有：工作量证明 PoW（Proof of Work）、权益证明（Proof of Stake）以及委托权益证明（Delegated Proof of Stake）。

2. 分布式存储

分布式存储是一种将数据分散保存在多个节点上的存储方式。与传统的集中式存储相比，分布式存储具有更高的可靠性、可扩展性和容灾性。在分布式存储系统中，数据被分割成多个小块，并被复制到不同的节点上进行保存。每个节点都负责保存一部分数据，而不是将所有的数据都保存在一个地方。这样一来，即使某个节点出现故障或者网络问题，其他节点仍然可以提供数据的访问服务。

分布式存储系统还可以通过数据的冗余备份来提高数据的可靠性。当某个节点出现问题导致数据丢失时，系统可以通过复制的备份数据恢复丢失的部分，保证数据的完整性和可用性。分布式存储还可以通过节点的增加来实现系统的扩展性。当数据量增加或者访问压力增大时，可以添加更多的节点来分担负载，提高系统的性能和吞吐量。就像存放 100 个鸡蛋，不是放在同一个篮子里，而是分开放在不同的地方，加起来的总和是 100 个。

3. 智能合约

智能合约，是一种旨在以信息化方式传播、验证或执行合同的计算机协议。有点像一种大家把规则都制定好，由机器自动去执行的技术。

智能合约（smart contract）是一种以计算机语言编写、由计算机自动验证和执行的代码化的合同，是纸质合同的数字化形式。智能合约概念于 1994 年由计算机科学家、法学家及密码学家尼克·萨博（Nick Szabo）首次提出。他对智能合约的定义是“一个智能合约是一套以数字形式定义的承诺（promises），包括合约参与方可以在上面执行这些承诺的协议”。智能合约概念面世后，自然面临如何落地的问题：第一，谁来执行合约？显然，签署合约的双方不应成为执行人。同时带来一系列问题：执行人如何保持公正和中立？他缺位、消失或者拒不执行怎么办？第二，如何通过计算机程序支付现金和资产？当时技术条件尚未成熟，无法解决上述问题，因此智能合约迟迟无法变为现实。

数字货币和区块链诞生以后，上述问题得以顺利解决：

①执行智能合约的机制：去中心化网络+共识机制+受激励的矿工。

②价值转移功能：内生可编程的数字货币。

③去中心化的永不停机的计算网络，保持中立、公平、永远工作的区块链不仅内嵌于数字货币系统，而且可编程可扩展，具有去中心化、不可篡改、过程透明、可追踪等优点，天然适合于智能合约。

从此，智能合约才从理论构想变为现实，从而插上了飞速发展的翅膀。区块链给智能合约提供了最佳的技术土壤，而智能合约功能也大大扩展了区块链的应用前景。一般认为，智能合约是基于区块链技术自动执行的数字合约形式。

4. 密码学

密码学是研究如何保护信息安全的科学学科。它涉及设计和分析密码算法，以及开发和使用密码协议和系统来确保数据的机密性、完整性和可用性。

密码学的基本目标是保护信息免受未经授权的访问、篡改和泄露。为了实现这些目标，密码学常常使用密码算法来对数据进行加密和解密。加密是将明文数据转换为密文数据的过程，而解密则是将密文数据还原为明文数据的过程。通过使用适当的加密算法和密钥管理方法，可以确保只有授权的人才能够解密和访问受保护的数据。

密码学还涉及其他一些关键概念和技术，例如散列函数、数字签名和公钥加密等。散列函数是一种将任意长度的数据转换为固定长度的摘要的函数，常用于验证数据的完整性。数字签名是一种用于验证数据来源和完整性的密码学工具，可以确保数据的发送者无法否认其发送的数据。公钥加密是一种使用两个不同的密钥（公钥和私钥）进行加密和解密的技术，可以实现安全的数据通信和身份验证。有了它我们才能在网络中证明“我是我”，才能证明这是我的比特币而不是你的比特币。

（二）四大核心技术间关系

1. 分布式存储构建了区块链的基本框架

分布式存储相当于一个分布式数据库，当一笔数据产生后，经大家处理，就会储存在这个数据库里面，所以分布式存储在区块链中起到了数据储存的作用。

2. 共识机制统筹区块链中的数据处理

共识机制制定一套规则来明确每个人处理数据的过程，并通过争夺管理权的方式来完成节点间的意见统一，谁最终取得管理权，全网就用谁处理的数据进行统一。所以共识机制在区块链中起到了统筹节点行为、明确数据处理的作用。

3. 密码学决定底层数据架构

密码学是区块链底层数据架构的重要组成部分。区块链是一种分布式账本技术，用于记录交易和数据，同时确保数据的安全和不可篡改性。密码学技术在区块链中起到了至关重要的作用，保护着账本的完整性和隐私，主要包括以下内容。

哈希函数。区块链使用哈希函数将交易数据和上一个区块的哈希值链接在一起，形成一个不可更改的区块链。哈希函数是一种密码学强度的散列函数，能够将任意长度的数据转换成固定长度的哈希值，而且哈希值的变化非常敏感。任何对数据的篡改都会改变哈希值，从而破坏区块链的完整性。

非对称加密。区块链中的参与者使用非对称加密技术生成一对密钥，包括公钥和私钥。公钥用于加密数据，而私钥则用于解密数据。通过使用公钥加密，可以确保只有持有相应私钥的人才能够解密和访问加密数据。非对称加密技术在区块链中广泛用于身份验证、数字签名和加密通信等方面。

共识算法。区块链中的共识算法用于解决分布式环境下的数据一致性和安全性问题。密码学在共识算法中起到了重要的作用，例如在算法中使用密码学机制来验证数据的正确性、防止双花攻击和保护网络安全。

隐私保护。区块链中的数据通常是公开透明的，但有时需要对敏感信息进行保护。密码学技术可以确保交易的隐私，例如使用零知识证明（Zero-Knowledge Proofs）技术来证明某个事实的正确性，而不需要暴露具体的信息。

4. 智能合约负责数据的执行与应用

可以在分布式存储的客观条件上，搭建起智能合约，它是一种在区块链上执行的自动化合约，是一段具有特定规则和逻辑的代码，用于执行和处理交易及数据。智能合约可以被看作在区块链上运行的应用程序，它们可以接收和处理数据，并根据预先设定的规则和条件自动执行相应的操作。所以智能合约在区块链中起到了数据的执行与应用的作用。

三、区块链技术应用

1. 金融领域

区块链在国际汇兑、信用证、股权登记和证券交易所等金融领域有着潜在的巨大应用价值。

加密货币。区块链技术最著名应用之一是加密货币，如比特币和以太坊。这些数字货币通过区块链网络进行交易和转移，使得交易过程更为安全和透明。

跨境支付。传统的跨境支付通常需要通过第三方中介（如银行）进行处理，耗时和费用较高。区块链技术可以实现点对点的跨境支付，提高支付效率和降低成本。

证券交易与股权融资。利用区块链技术，可以实现更快速、透明和可追溯的证券交易。智能合约可以用于自动化处理交易和结算等过程。此外，区块链也可用于股权融资，通过发行代币进行融资和股权转让。

供应链和物流管理。区块链技术可以提高供应链和物流管理的透明度和效率。通过记录和追踪产品的流程，可以实现更有效的货物跟踪、验证产品的来源和真实性，以及实现自动化的结算和支付。

银行和金融服务。区块链技术可以改进银行和金融服务的效率和安全性。例如，通过使用智能合约，可以实现自动化的贷款和授信流程，并提高交易和结算的速度和准确性。

保险。区块链技术可以改进保险业务的流程和效率。使用区块链，可以更容易地验证索赔和减少欺诈行为；智能合约可以自动执行保险合同的条款和支付索赔。

2022 年 8 月，全国首例数字人民币穿透支付业务在雄安新区成功落地，实现了数字人民币在新区区块链支付领域应用场景的新突破。

2. 物联网和物流领域

区块链在物联网和物流领域可以保证过程的透明度和效率的提高。它可以用于设备之间的授权和通信，保障数据的安全性，防止篡改和恶意攻击。同时，它可以建立智能合约，实现设备间的自动化任务和交易，提高整合和协同效率。在物流方面，区块链可以追踪物品和货运的状态和位置，达到全程可追溯，提高物流过程的透明度和可信度。

货物追溯。通过区块链技术，可以实现货物的全程追溯，包括生产、加工、运输、仓储各个环节。利用智能合约，能够实现物流信息的自动收集和存储，保证信息的真实性和不可篡改性，减少了信息、物流、货物等各种环节的风险，提升了货物安全性和质量。

物流可视化。通过区块链技术，可以实现物流节点的全员可视化，提供全程的信息保障。在物流过程中，任何环节的数据变化都可以通过区块链上的记录查询到，保障物流过程中的可追溯性和可溯源性，提高物流过程的信任度及合规性，从而减少货运纠纷及造成的经济损失。

供应链金融。通过区块链技术，可以减少信用担保和减少信贷的融资难度。以供应链为例，智慧物流在发货方和收货方之间建立信用源头或信用背书环节，收货方可以通过背书获得信用，从而获得融资的机会。该模式通过提高供应链各环节的信息透明度和数据可靠性，减少货款风险，创造了一种新型的金融信用体系。

3. 公共服务领域

区块链技术可以实现公共服务领域的信息透明、数据安全、效率提升和降低管理成本等，为政府和公众提供更优质的公共服务。

政务管理。区块链可以实现公共事务管理的信息化、数字化和网络化，提高政府部门的效率和透明度。例如，区块链可用于实现政务信息的存证、溯源和公开透明。

公共财政。通过区块链技术，可以构建一种更加安全、高效、透明、灵活的公共财政管理体系。例如，采用区块链技术可以实现公共资金的追踪、公开以及不可篡改。

社会保障。区块链可以在社会保障领域中发挥重要作用。例如，区块链可用于记录个人社保信息，提高社会保险信息的安全性和可追溯性。

教育管理。区块链可以实现教育管理的规范化、信息化和数字化。例如，区块链可以用于存储学生学籍信息、学历证书和学籍认证等相关数据，提高数据的安全性和可靠性。

4. 数字版权领域

数字版权认证。通过区块链技术，可以对数字作品进行认证和登记，包括版权信息、作者信息、作品信息等，以保护数字版权的合法性。

数字版权交易。区块链技术可以通过智能合约来实现数字版权的交易和结算，使得数字版权市场流通更加透明和高效。

数字版权维权。区块链技术可以实现数字版权的快速追溯，任何人无法对数字作品进行未经授权的修改，从而保护数字版权的合法权益。

数字版权监管。区块链技术可以实现数字版权的监管和反盗版，通过数字版权的认证和交易，避免版权的侵权和盗窃等行为。

5. 保险领域

保险合同的自动化和智能化。通过智能合约技术，可以对保险合同进行自动化和智能化管理，包括合同的签署、执行、索赔等，从而提高保险业务的效率和准确性。

数据共享和隐私保护。区块链技术可以实现参保人和保险公司之间的数据共享和安全存储，从而使数据的安全性和隐私得到保护，并避免出现数据造假和泄露的情况。

索赔处理和理赔自动化。通过智能合约技术和区块链技术，可以实现索赔处理和理赔自动化，包括理赔审核、赔付等，减少人为的干预，提高理赔的效率和准确性。

保险市场监管。区块链技术可以实现保险市场的监管和反欺诈，通过保险数据的透明和可追溯性，确保各方面的合法性和公平性，避免欺诈和不合规行为的出现。

6. 司法领域

为进一步加强区块链在司法领域中的应用，最高人民法院在充分调研、广泛征求意见、多方论证基础上，制定《最高人民法院关于加强区块链司法应用的意见》，于 2022 年 5 月 25 日发布。该意见包括七个部分 32 条内容，明确人民法院加强区块链司法应用总体要求及人民法院区块链平台建设要求，提出区块链技术在提升司法公信力、提高司法效率、增强司法协同能力、服务经济社会治理等四个方面典型场景应用方向，明确区块链应用保障措施。

电子证据。区块链技术的去中心化和不可篡改特点可以帮助解决电子证据容易被篡改和丢失的问题，从而提高证据的可信度和司法公正性。

案件审判和调解。区块链技术可以实现案件审判和调解的自动化和智能化管理，从而提高审判效率和准确性。

司法信息共享。区块链技术可以实现司法信息的共享和保护，确保数据的安全性和隐私性，避免出现数据造假和泄露的情况。

执行裁决和缴纳罚款等。通过智能合约技术和区块链技术，可以实现执行裁决和缴纳罚款等操作的自动化和智能化，减少人为的干预，提高执行效率和准确性。

第七节　VR/AR、元宇宙

一、VR/AR、元宇宙概念

1. VR

Virtual Reality（VR），即虚拟现实，是一种用计算机打造的全虚拟环境，将用户从现实中完全抽离。从 2012 年 Google Glass 的发布拉开发展序幕，到现在各大商场中“遍地开花”的 VR 体验馆，虚拟现实技术对于我们来说并不陌生。

VR 是一个纯粹的虚拟世界，借助于设备，可以创造一个全封闭的虚拟环境，里面没有真实的环境，所有的一切都可以创造。

目前，VR 技术广泛运用于城市规划、室内设计、古迹复原、房地产销售、地质灾害、教育培训等众多领域，旅游景点这几年推出的沉浸式虚拟旅游也已经成为 VR 常见的应用场景之一；此外，VR 技术也越来越多地被应用到新闻报道和媒体上，从空间上弥补了受众无法亲临现场的遗憾。

2. AR

增强现实（Augmented Reality，AR），强调将虚拟事物带入现实场景中。简单来说，就是通过手机摄像头、头戴式显示器设备，在现实环境中“加料”。

相较于 VR，AR 更贴近人们的现实生活，实用性也更高，它不像 VR 那样在现实世界之外营造出一个虚拟的世界，而是可以对人们的日常生活进行无缝补充。

3. MR

MR 是 Mixed Reality（混合现实）的缩写，是一个比较新的概念。

根据定义，MR 是在虚拟现实和增强现实之间存在的一种奇妙的过渡形态，简单来说，它是介于 AR（偏现实）和 VR（全虚拟）之间的一种形式，是一种基于现实的虚拟环境，但可交互性和虚拟的元素要高于 AR。

4. XR

扩展现实（Extended Reality），是 AR、VR、MR 等多种技术的统称，通过融合三种技术，打造人机交互的融合环境，给人们带来虚实结合的沉浸感。

目前，XR 主要应用于游戏娱乐、影视直播甚至军事、航天等行业。

基于庞大的游戏市场和核心用户对于新技术的开放度，目前在游戏领域的应用已经成为拉动 XR 产业发展最重要的动力之一，为用户带来更为真实的体验和强烈的感官刺激。

5. 元宇宙

（1）元宇宙本身会形成一个全新的体验，概括来讲，它可能是一个 3D 的互联网，所以最基础的要有一个 3D 的显示体验作为入口。VR、AR 设备，最终会成为元宇宙也即下一代互联网的入口，或者说硬件设备的基础设施。

（2）未来在元宇宙里面，要和这些虚拟的物体进行交互，可能会用到包括手、手柄甚至眼球等“工具”，在交互的过程中其实都会用到目前在 VR 里面已经开始使用的算法，包括算法上的一些扩展。

（3）元宇宙除了应用于社交层面，更多地可能会形成一个新的经济系统或者新的社会系统，所以数字资产也会是很重要的一部分。在数字资产形成、交互和应用的过程中，已经形成了 VR、AR 类的算法和元宇宙数字资产的强互动。比如在虚拟会议里面，人的一些虚拟数字形象的交互、动作的捕捉或操纵，已经开始用到交互算法和技术。

VR/AR 是进入元宇宙的重要端口，也是 XR 的具体形式。所谓 XR，是一种通过计算机技术和穿戴设备产生的一个真实与虚拟结合、可人机交互的环境。

元宇宙强调虚拟世界与现实世界的连接和交互，沉浸式体验是元宇宙的基本特征之一，元宇宙的实现必然依托 VR/AR 技术。

二、VR 关键技术

虚拟现实的关键技术主要包括：

头戴式显示器。采用高分辨率的动态显示技术，能够提供更真实的视觉体验。

视觉跟踪技术。通过精密的传感器和算法，实时获取用户头部的位置、方向和角度，并与虚拟现实环境中的场景进行同步。

立体声音效技术。通过三维声场技术模拟现实世界中的声音，提供更真实的听觉体验。

交互技术。通过手柄等装置、语音识别和头部追踪等技术实现用户在虚拟环境中的自由交互。

虚拟现实引擎。提供虚拟环境的开发和管理平台，包括图形渲染、物理模拟和运动捕捉等技术。

三、VR 技术应用

游戏与娱乐。VR 技术可以提供沉浸式的游戏体验，使玩家能够身临其境地参与游戏。此外，还可以用于虚拟旅游、虚拟电影院等娱乐场景的建设。

教育与培训。VR 技术可以为学生和教师提供更加生动、直观的学习和培训场景，例如虚拟实验室、虚拟历史场景等。通过 VR 技术，学生可以亲身体验到一些传统教学无法提供的场景。

医疗与康复。VR 技术被广泛应用于医疗领域，例如手术模拟、疼痛缓解、心理治疗等。此外，还可以使用 VR 技术进行康复训练，帮助患者恢复运动功能。

建筑与设计。VR 技术可以使建筑师和设计师在设计过程中更好地预览和调整空间，提高设计效率和客户满意度。此外，VR 技术还可以用于展示房地产、景区等场所的模拟漫游。

航空航天与军事。VR 技术可以用于飞行模拟、战争仿真等训练场景，帮助飞行员和士兵提前熟悉操作流程和应对战斗。

社交与交流。VR 技术可以打造虚拟社交平台，人们可以在虚拟世界中与其他人进行交流和互动，创造出与现实世界相似的社交场景。

四、AR 关键技术

传感器技术。AR 需要通过传感器收集环境信息，并与虚拟元素进行融合。常见的传感器包括摄像头、陀螺仪、加速度计等，用于感知用户的位置、姿态和运动。

视觉定位技术。AR 需要对现实世界进行精确定位，以便将虚拟元素与现实环境进行融合。视觉定位技术可以通过计算机视觉和图像处理算法，识别和跟踪现实世界中的特征点或标记。

模型渲染技术。AR 需要将虚拟元素以逼真的方式渲染在用户视域中。模型渲染技术可以通过计算机图形学算法和图像处理技术，将虚拟元素与现实场景进行合成，以实现逼真的视觉效果。

交互技术。AR 需要用户与虚拟元素进行交互，使用户能够操作虚拟物体或获取相关信息。交互技术包括手势识别、语音识别、触摸屏等，以满足用户的操作需求。

可视化技术。AR 需要将虚拟元素以合适的方式展示在用户的视野中。可视化技术可以通过投影显示、透明显示等方式，将虚拟元素与用户真实环境进行融合，实现用户与虚拟世界的互动。

五、AR 应用领域

随着 AR 技术的成熟，AR 越来越多地应用于各个行业，如教育、培训、医疗、设计、广告等。

游戏娱乐领域。AR 技术可以实现用户与虚拟世界的互动，广泛应用于游戏、娱乐等领域，例如 Pokemon Go 等游戏应用。

广告营销领域。AR 技术可以实现虚拟元素与现实场景的融合，提升广告的互动性和用户体验，广泛应用于广告营销等领域。

教育培训领域。AR 技术可以实现虚拟元素与现实环境的结合，为学生提供更加生动、丰富的学习体验，广泛应用于教育培训等领域。

医疗健康领域。AR 技术可以实现医疗诊断、手术辅助等功能，提升医疗技术水平和治疗效果，广泛应用于医疗健康等领域。

工业设计交互领域。增强现实技术最特殊的地方就在于其高度交互性，应用于工业设计中，主要表现为虚拟交互，通过手势、点击等识别来实现交互技术，将虚拟的设备、产品展示给设计者和用户，也可以通过部分控制实现虚拟仿真，模仿装配情况或日常维护、拆装等工作，在虚拟中学习，减少浪费以及人才培训的成本，大大改善设计的体制，缩短设计时间，提高效率。

六、推动元宇宙发展的关键技术

元宇宙发展离不开区块链与加密货币、增强现实（AR）和虚拟现实（VR）、3D 重建、人工智能（AI）以及物联网（IoT）等技术。

1. 区块链与加密货币

区块链技术为所有权数字证明、数字化收藏品、价值转移、可操作性以及互动操作性提供透明公开的去中心化解决方案。用户在 3D 数字世界中办公或社交时，即可使用加密货币转移价值。

例如，在 Decentraland 中，加密货币可用于购买虚拟土地。玩家使用游戏加密货币 MANA，即可购买 16×16 平方米大小的非同质化代币（NFT）地块。受区块链技术加持，这些虚拟土地的所有权得以建立并拥有安全保障。

加密货币有望在未来成为激励手段，让人们在元宇宙中开展实际工作。当越来越多的公司将办公环境转为线上，开展远程办工，可能还会涌现出一些和元宇宙相关的工作机会。

2. 增强现实（AR）和虚拟现实（VR）

AR 和 VR 技术在元宇宙的发展中将会起到至关重要的作用。元宇宙是一种虚拟的世界，其中包含着无数个虚拟的子世界，而 AR 和 VR 技术可以帮助人们更加直观、真实地感受和体验这个世界。

首先，AR 技术可以将虚拟元素与现实世界相结合，实现更加真实的虚拟体验。例如在元宇宙中，虚拟的游戏人物可以出现在现实的街道上，实现虚拟与现实的交融。

其次，VR 技术可以让用户完全沉浸在虚拟的世界中，感受到无限的可能性。例如在元宇宙中，用户可以发挥无限的想象力和创造力，拥有自己的虚拟角色和虚拟财产等。

最后，AR 和 VR 技术的结合，可以使元宇宙的体验更加综合和丰富。例如在元宇宙中，用户可以通过 AR 眼镜实时观察虚拟人物的行动，而 VR 技术使人可以在虚拟现实中体验人物的感觉和情感。

增强现实和虚拟现实的运作方式是元宇宙的早期雏形。虚拟现实已经打造出融合虚拟视觉内容的数字世界。随着技术愈渐成熟，虚拟现实可通过 VR 设备进行实体模拟，从而提升元宇宙的使用体验。用户将能够与来自全球各地的人们交互，并感受和聆听彼此。考虑到元宇宙热度不减，我们能预见到，在不久的将来，会有越来越多的元宇宙公司投资开发 AR 和 VR 设备。

3. 人工智能（AI）

近年来，人工智能（AI）在我们的生活中获得广泛应用，涉及商业策略规划、决策制定、面部识别以及快速计算等方面。最近，专家开始探索利用人工智能打造沉浸式元宇宙的可能。

在元宇宙中，人工智能可应用到不同场景的非玩家角色（NPC）。非玩家角色属于游戏环境的一部分，每款游戏中几乎都有它的身影，其主要功能是与玩家互动。与真人用户不同，人工智能的非玩家角色能够独立运行，并供数百万玩家同时使用。此外，还可进行多种语言设置。

4. 3D 重建

3D 重建不属于新技术，在新冠疫情期间，使用率一直在增加，尤其是房地产行业，潜在买家无法在封城时亲自实地考察房产，因此，有些中介采用 3D 重建技术打造虚拟看房之旅。和我们憧憬的元宇宙一样，买家无须踏出家门半步，就能随时考察和购置梦寐以求的新房产。

元宇宙面临的一大挑战是打造近乎现实世界的数字环境，而凭借 3D 重建，就能构建出逼真自然的空间。我们通过特殊 3D 摄像头渲染建筑物、实际位置和物体，即可构建具有照片级真实感的 3D 模型，从而把真实世界网络虚拟化。然后，我们把 3D 空间数据和 4K 高清摄影作品传输至计算机进行处理，并生成元宇宙虚拟副本，供用户体验。这些现实世界物体的虚拟副本也叫“数字孪生”。

5. 物联网（IoT）

物联网（IoT）概念于1999年首次提出。简单来说，物联网是将现实世界的万事万物通过传感器和设备连接到互联网的系统。这些设备连接到互联网之后，都带有唯一标识符，并可自动发送或接收信息。目前，物联网正在将恒温器、声控扬声器和医疗设备等各种各样类型的海量数据连接起来。

物联网在元宇宙的一大应用是收集和提供现实世界的数据，以此提高数字表示的准确性。例如，物联网数据传送可以根据当前天气或其他情况，改变某些元宇宙物体的运行方式。

物联网实施让3D世界与现实生活中大量设备无缝顺畅连接，这样即可在元宇宙中创建实时模拟。为了进一步优化元宇宙环境，物联网使用人工智能和机器学习来管理收集到的数据。

七、元宇宙面临的挑战

元宇宙仍处于开发的早期阶段，还面临着身份认证和隐私管控等诸多挑战。在现实生活中，个人身份识别通常不难。但是，如果人们以虚拟化身在数字世界中穿梭，就很难对其进行身份识别或验证。例如，不法分子甚至机器人可以伪装成他人进入元宇宙，借此损害他人名声或诈骗其他用户。

另一个挑战是隐私问题。元宇宙依靠AR和VR设备提供沉浸式体验。这些带有摄像头功能和唯一标识符的技术最终可能会导致个人信息意外泄露。

第八节　5G

一、5G的来历以及要求

第五代移动通信技术（5th Generation Mobile Communication Technology，

5G）是具有高速率、低时延特点的新一代宽带移动通信技术。5G 通信设施是实现人机物互联的网络基础设施。

国际电信联盟（ITU）定义了 5G 的三大类应用场景，即增强移动宽带（eMBB）、超高可靠低时延通信（uRLLC）和海量机器类通信（mMTC）。增强移动宽带（eMBB）主要面向移动互联网流量爆炸式增长，为移动互联网用户提供更加极致的应用体验；超高可靠低时延通信（uRLLC）主要面向工业控制、远程医疗、自动驾驶等对时延和可靠性具有极高要求的垂直行业应用需求；海量机器类通信（mMTC）主要面向智慧城市、智能家居、环境监测等以传感和数据采集为目标的应用需求。

为满足 5G 多样化的应用场景需求，5G 的关键性能指标更加多元化。ITU 定义了 5G 八大关键性能指标，其中高速率、低时延、大连接成为 5G 最突出的特征，用户体验速率达 1 Gbps，时延低至 1 ms，用户连接能力达 100 万连接/平方千米。

二、5G 关键技术

高频通信技术。5G 网络采用了更高的频率资源，包括毫米波和中频段频谱，以提供更大的带宽和更快的数据传输速度。

大规模多输入多输出技术（Massive MIMO）。5G 网络采用了大规模天线阵列和多用户空间复用技术，以提高网络容量和频谱效率，实现更高的用户密度和更好的覆盖范围。

超密集组网技术（Ultra-Dense Networks）。通过增加小型基站或中继器的密度，在有限的频谱资源下提供更好的覆盖和容量。

软件定义网络技术（Software-Defined Networking）。5G 网络采用了软件定义的网络架构，实现了网络资源的灵活配置和动态管理，以提供更好的网络性能和服务质量。

网络切片技术（Network Slicing）。5G 网络可以将物理基础设施划分为多个虚拟网络切片，以满足不同场景和应用的需求，提供个性化的网络服务。

边缘计算技术（Edge Computing）。5G 网络将计算和存储资源放置在网络边缘，以降低网络延迟和提供更好的数据处理能力。

三、5G 应用领域

1. 工业领域

以 5G 为代表的新一代信息通信技术与工业经济深度融合，当前，机器视觉、AGV 物流、超高清视频等场景已取得规模化复制的效果，实现“机器换人”，大幅降低人工成本，有效提高产品检测准确率，达到了生产效率提升的目的。未来，远程控制、设备预测性维护等场景预计将会产生较高的商业价值。

以钢铁行业为例。5G 技术赋能钢铁制造，实现钢铁行业智能化生产、智慧化运营及绿色发展。在智能化生产方面，5G 网络低时延特性可实现远程实时控制机械设备，在提高运维效率的同时，促进厂区无人化转型；借助于 5G+AR 眼镜，专家可在后台对传回的 AR 图像进行文字、图片等多种形式的标注，实现对现场运维人员实时指导，提高运维效率；在智慧化运营方面，5G+超高清视频可实现钢铁生产流程及人员生产行为的智能监管，及时判断生产环境及人员操作是否存在异常，提高生产安全性。

5G 在工业领域丰富的融合应用场景将为工业体系变革带来极大潜力，使工业体系智能化、绿色化发展。“5G+工业互联网”512 工程实施以来，行业应用水平不断提升。

2. 车联网与自动驾驶

5G 车联网助力汽车、交通应用服务智能化升级。5G 网络的大带宽、低时延等特性，支持实现车载 VR 视频通话、实景导航等实时业务，显著提升车辆行驶安全和出行效率；5G 网络可支持港口岸桥区的自动远程控制、装卸区的自动码货以及港区的车辆无人驾驶应用，显著降低自动导引运输车控制信号的时延以保障无线通信质量与作业可靠性，可使智能理货数据传输系统实现全天候、全流程的实时在线监控。

3. 能源领域

在电力领域，能源电力生产包括发电、输电、变电、配电、用电五个环节，5G 在电力领域的应用主要面向输电、变电、配电、用电四个环节，应用场景主要涵盖了采集监控类业务及实时控制类业务，包括：输电线无人机巡检、变电站机器人巡检、电能质量监测、配电自动化、配网差动保护、分布式能源控制、高级计量、精准负荷控制、电力充电桩等。当前，基于5G大带宽特性的移动巡检业务较为成熟，可实现应用复制推广，通过无人机巡检、机器人巡检等新型运维业务的应用，促进监控、作业、安防向智能化、可视化、高清化升级，大幅提升输电线路与变电站的巡检效率；配网差动保护、配电自动化等控制类业务现处于探索验证阶段，未来随着网络安全架构、终端模组等的逐渐成熟，控制类业务将会进入高速发展期，提升配电环节故障定位精准度和处理效率。

在煤矿领域，5G应用涉及井下生产与安全保障两大部分，应用场景主要包括：作业场所视频监控、环境信息采集、设备数据传输、移动巡检、作业设备远程控制等。当前，煤矿利用5G技术实现地面操作中心对井下综采面采煤机、液压支架、掘进机等设备的远程控制，大幅减少原有线缆维护量及井下作业人员；在井下机电硐室等场景部署5G智能巡检机器人，实现机房硐室自动巡检，极大提高检修效率；在井下关键场所部署5G超高清摄像头，实现环境与人员的精准实时管控。煤矿利用5G技术的智能化改造能够有效减少井下作业人员，降低井下事故发生率，遏制重特大事故，实现煤矿的安全生产。当前取得的应用实践经验已逐步开始规模推广。

4. 医疗领域

5G+超高清远程会诊、远程影像诊断、移动医护等应用，在现有智慧医疗服务体系上，叠加5G网络能力，极大提升远程会诊、医学影像、电子病历等数据传输速度和服务保障能力。在抗击新冠疫情期间，解放军总医院联合相关单位快速搭建5G远程医疗系统，提供远程超高清视频多学科会诊、远程阅片、床旁远程会诊、远程查房等应用，支援湖北新冠危重症患者救治，有效缓解抗疫一线医疗资源紧缺问题。

5G+应急救护等应用，在急救人员、救护车、应急指挥中心、医院之间快速构建。

5G应急救援网络，可在救护车接到患者的第一时间，将病患体征数据、病情图像、急症病情记录等以毫秒级速度、无损实时传输到医院，帮助院内医生做出正确指导并提前制定抢救方案，实现患者“上车即入院”的愿景。

5G+远程手术、重症监护等治疗类应用，由于其容错率极低，并涉及医疗质量、患者安全、社会伦理等复杂问题，其技术应用的安全性、可靠性需进一步研究和验证，预计短期内难以在医疗领域实际应用。

5. 文旅领域

5G 在文旅领域的创新应用将助力文化和旅游行业步入数字化转型的快车道。5G 智慧文旅应用场景主要包括景区管理、游客服务、文博展览、线上演播等环节。5G 智慧文旅可实现景区实时监控、安防巡检和应急救援，同时可提供 VR 直播观景、沉浸式导览及 AI 智慧游记等创新体验，大幅提升景区管理和服务水平，解决景区同质化发展等痛点问题；5G 智慧文博可支持文物全息展示、5G+VR 文物修复、沉浸式教学等应用，赋能文物数字化发展，深刻阐释文物的多元价值，推动人才团队建设；5G 云演播融合 4K/8K、VR/AR 等技术，实现传统曲目线上线下高清直播，支持多屏多角度沉浸式观赏体验，5G 云演播打破传统艺术演艺方式，让传统演艺产业焕发新生。

6. 智慧城市领域

5G 助力智慧城市在安防、巡检、救援等方面提升管理与服务水平。在城市安防监控方面，结合大数据及人工智能技术，在城市应急救援方面，5G 通信保障车与卫星回传技术可实现救援区域海陆空一体化的 5G 网络覆盖；公共安全和社区治安成为城市治理的热点领域，以远程巡检应用为代表的环境监测也将成为城市发展的关注重点。未来，城市全域感知和精细管理成为必然发展趋势，仍需长期持续探索。

7. 信息消费领域

5G 在给垂直行业带来变革与创新的同时，也孕育着新兴信息产品和服务，改变着人们的生活方式。在 5G+云游戏方面，5G 可实现将云端服务器上渲染压缩后的视频和音频传送至用户终端，解决云端算力下发与本地计算力不足的问题，解除游戏优质内容受到的终端硬件束缚和对其的依赖，对于消费端成本控制和产业链降本增效起到积极的推动作用。在 5G+4K/8K VR 直播方面，5G 技术可解决网线组网烦琐、传统无线网络带宽不足、专线开通成本高等问题，可满足大型活动现场海量终端的连接需求，并带给观众超高清、沉浸式的视听体验；5G+多视角视频，可实现同时向用户推送多个独立的视角画面，用户可自行选择视角观看，获得更自由的观看体验。在智慧商业综合体领域，5G+AI 智慧导航、5G+AR 数字景观、5G+VR 电竞娱乐空间、5G+VR/AR 全景直播、5G+VR/AR 导购及互动营销等应用已开始在商圈及购物中心落地应用，并逐步规模化推广。未来随着 5G 网络的全面覆盖以及网络能力的提升，5G+沉浸式云 XR、5G+数字孪生等应用场景也将实现，让购物消费更具活力。

8. 金融领域

金融科技相关机构正积极推进 5G 在金融领域的应用探索，应用场景多样化。银行业是 5G 在金融领域落地应用的先行军，5G 可为银行提供整体的改造。前台方面，综合运用 5G 及多种新技术，可实现智慧网点建设、机器人全程服务客户、远程业务办理等；中后台方面，通过 5G 可实现“万物互联”，从而为数据分析和决策提供辅助。除银行业外，证券、保险和其他金融领域也在积极推动“5G+”发展，5G 开创的远程服务等新交互方式为客户带来全方位数字化体验，线上即可完成证券开户审核、保险查勘定损和理赔，使金融服务不断便捷化、多元化，带动金融行业的创新变革。

企业篇

第五章
数字经济引入典型企业案例

第一节　数据中心类

算力的增长依赖高性能芯片、数据中心、能源资源等关键条件，其中，作为算力分离、调度的中心，高上架率的数据中心是算力增长的重要支持。

随着国产大模型开发陆续进入预训练阶段，算力需求持续释放或将带动算力基础设施产业迎来增长新周期。在算力霸权时代或将开启的大背景之下，智能算力成为主要动力。

智算中心提供的算力不仅能支持人工智能产业的发展，还对国家经济有显著影响。

根据 IDC 的《2021—2022 全球计算力指数评估报告》，一个国家的计算力指数每提高 1 点，数字经济将增长 3.5‰，GDP 将增长 1.8‰。智算中心作为人工智能产业发展的重要底层基础设施形态，每单位功耗所能产生的计算的能力、智能的能力，远远高于传统的算力中心，也因此被推向发展新高地。

一、中科曙光 5A 级智算中心

（一）中科曙光 5A 级智算中心入选智能计算中心 2.0 时代示范样例

中科曙光是高性能计算的龙头，响应国家号召建设曙光 5A 级智算中心，覆盖全算力精度，赋能人工智能应用场景落地。

《智能计算中心 2.0 时代展望报告》发布，曙光 5A 级智算中心等入选示范样例。

1. “5A 级”智算中心可实现多样性算力供应

曙光 5A 级智算中心满足包含数值模拟、AI 训练、AI 推理在内的不同应用场景和多类型用户的需求。

2. 依托全球领先的浸没式相变液冷技术，降低能耗

依托全球领先的浸没式相变液冷技术，PUE 值可降至 1.04，能耗降低达 30%。

1）数据中心步入液冷时代

能耗问题一直是数据中心发展的焦点之一。据统计，我国数据中心消耗的电能占国家总发电量的比重超过 2%，能源消耗量巨大。

数据中心的节能技术已经历了五个发展阶段：

（1）第一代数据中心。20 世纪 60 年代的大型计算机机房，没有精密的温度控制。

（2）第二代数据中心。20 世纪 90 年代，第二代数据中心出现了恒温恒湿的专用空调。

（3）第三代数据中心。21 世纪初，机架式服务器机房开始广泛使用恒温恒湿专用空调。

（4）第四代数据中心。21 世纪 10 年代，刀片式服务器、云计算数据中心开始广泛使用列间空调，并运用封闭冷/热通道的精细化气流组织管理。

（5）第五代数据中心。随着大数据、人工智能时代的到来，数据中心也迈入第五代，新型数据中心面临首要的考验就是要更节能、实现更低的 PUE。

目前，数据中心制冷技术主要分为风冷和液冷两大类。随着液冷技术的发展，PUE 值更低，优势更为突出。

2）浸没相变液冷技术将成行业主流

随着技术向前发展，液冷技术也出现不同的分支，目前根据液体冷媒和发热源的接触方式，可分为冷板式（间接接触）、喷淋式（直接接触）、浸没式（直接接触）三类。从 PUE 值来看，浸没式液冷技术 PUE 最低。浸没式液冷技术又分为相变式和非相变式两类。

数据中心迈入“液冷时代”，浸没相变液冷将成主流。

3）“5A 级”智算基础设施采取一体化服务模式，持续优化算力成本

同时，“5A 级”智算基础设施通过多种策略，持续优化算力成本，实现综合建设成本低于市场既有价格 30%。

它采取了一体化服务模式，实现从规划设计、中心建设到平台运营的完整配套服务，贯穿智算基础设施的全生命周期，为地方算力建设和产业

生态繁荣提供切实保障和有力支撑。

（二）5A 级能力包括开放、融合、绿色、普惠、服务五个维度

1. 开放（Ability of Openness）

开放。“5A 级”智算中心以多元协作为宗旨，通过芯片、算法、框架、模型的全面开放、兼容，构建多元集成的基础架构，实现算力底座最大程度的易用性，降低迁移成本。

2. 融合（Ability of Integration）

融合。“5A 级”智算中心通过分布式异构并行体系结构，搭载多类型芯片，可覆盖全算力精度，实现多样性算力供应，满足不同应用场景和多类型用户的需求。

3. 绿色（Ability of Carbon Reduction）

绿色。通过芯片节能、设备节能、平台节能以及清洁能源等多层次技术创新，构建绿色低碳的“5A 级”智算基础设施。依托浸没式相变液冷技术，PUE 值可降至 1.04，能耗降低达 30%。

4. 普惠（Ability of Inclusive）

普惠。“5A 级”智算基础设施通过多种策略，持续优化算力成本，实现综合建设成本低于市场既有价格 30%。

5. 服务（Ability of Full Servise）

服务。“5A 级”智算基础设施采取了一体化服务模式，实现从规划设计、中心建设到平台运营的完整配套服务，保障智算中心建成后的技术运维、应用创新、算网接入以及产业孵化、生态汇聚等，为地方算力建设和产业生态提供保障和支撑。

二、阿里云数据中心

（一）张北超级智算中心成为全球最大的智算中心

2022 年 8 月 30 日，位于张家口张北县的阿里云张北超级智算中心正式启动。该智算中心总建设规模为 12 EFLOPS（每秒 1200 亿亿次浮点运算）AI 算力，超过谷歌的 9 EFLOPS 和特斯拉的 1.8 EFLOPS，成为全球最大的智算中心，在云端，张北智算中心支撑 AI 预训练大模型、AI Earth、

数字人等前沿 AI 应用，可为 AI 大模型训练、自动驾驶、空间地理等人工智能探索应用提供强大的智能算力服务。

阿里云还同步启动另一座位于乌兰察布的超级智算中心。乌兰察布超级智算中心建设规模为 3 EFLOPS（每秒 300 亿亿次浮点运算）AI 算力，位于“东数西算”内蒙古枢纽节点，采用自然风冷、AI 调温等绿色技术，实现绿色低碳。

同时，阿里云正式对外开放这座超级智算中心的技术底座——飞天智算平台，可通过公共云和专有云的模式服务各类企业机构。飞天智算平台源于阿里巴巴内部广泛实践，也源于广泛的产业智能实践（以先进的技术架构，将衡量算力效率的核心指标“千卡并行计算效率”，从传统架构的 40%提升至 90%，可将算力资源利用率提高 3 倍以上，AI 训练效率提升 11 倍，推理效率提升 6 倍）。目前，该平台正在支撑建设两座超大规模智算中心。

这两座超大规模的智算中心正在服务于 AI 大模型训练、遥感探测、数字人、自动驾驶、生命科学、新药研发、元宇宙等前沿智能应用。其中，小鹏汽车基于飞天智算将自动驾驶模型训练提速近 170 倍。深势科技采用飞天智算让分子动力学仿真模拟训练效率提升了 5 倍。

（二）全面开放飞天智算平台

飞天智算平台是阿里云最新发布的全栈智能计算解决方案，提供公共云和专有云两种模式，为各类科研和智能企业机构提供强大的智能计算服务。

通过先进的技术架构，飞天智算平台实现了 90%的千卡并行计算效率，可将算力资源利用率提高 3 倍以上，AI 训练效率提升 11 倍，推理效率提升 6 倍。

1. 突破计算效率极限

飞天智算平台采用先进的技术架构，将衡量算力效率的核心指标“千卡并行计算效率”，从传统架构的 40%提升至 90%，可将算力资源利用率提高 3 倍以上，AI 训练效率提升 11 倍，推理效率提升 6 倍。

2. 支持“一云多芯”

飞天智算平台提供基于阿里云磐久基础设施的融合算力和大数据 AI 一体化平台整体解决方案，可以运行在 X86、GPU、ARM 等多种芯片类型的服务器上，实现“一云多芯”，支持多种处理器混合部署、统一调度，并可进行应用优化，部分性能提升100%以上。

3. 高效智能服务

开发人员可以在飞天智算平台上进行数据存储、数据治理、数据分析、模型开发、模型训练与推理的工作，并提供预训练模型，以及语音、图像、自然语言处理、决策等领域的模型，以方便开发者更好地加速AI应用的开发。

4. 绿色低碳

飞天智算从技术减排、能源结构优化、区域布局优化、供应链减碳以及资源利用优化五个方面来降低单位算力的碳排放。在技术减排方面，通过液冷、电源技术以及智能运维等方式降低能耗，PUE最低可达1.09。

（三）体系化的技术创新

智能计算不同于通用型计算，需要海量数据对AI模式进行训练，算力被损耗在数据迁移、同步等环节，千卡以上规模的算力输出最低往往仅有40%左右。这导致了智能算力成本高昂，制约了产业发展。

阿里云通过体系化的技术创新，改变了智能计算的损耗难题，将千卡并行计算效率提升至90%以上。

1. 网络技术创新

在网络技术方面，阿里云采用高性能RDMA网络，实现了端对端最低2微秒延迟。

2. 通信技术创新

在通信技术方面，阿里云自研的无阻塞通信技术，让计算过程中的数据交换速度提升了5倍以上。

3. 存储技术创新

在存储技术方面，自研的IO加速器让数据存取实现了最高10倍性能的提升。

4. 大数据AI开发层创新

在大数据AI开发层，阿里云提供分布式训练框架，并通过API对分布式策略进行自动组合和调优，将训练效率提升了11倍以上。

5. 一站式 AI 计算开发服务创新

在一站式 AI 计算开发服务层面，阿里云为用户提供了一站式的通用推理优化工具，对算法模型进行量化、剪枝、稀疏化、蒸馏等操作，将推理效率提升了 6 倍以上。

（四）构建智算生态产业圈

如今，飞天智算平台已在阿里内部广泛应用，支撑达摩院前沿 AI 和电商智能技术发展，并服务小鹏汽车、深势科技、上汽集团、中国气象局、南方电网等机构和企业，支撑自动驾驶、新药研发、气象预测、工业能源等行业大幅提升 AI 训练效率。

1. 在自动驾驶领域

（1）小鹏汽车。基于飞天智算，在乌兰察布建设智算中心“扶摇”，算力规模达 600PFLOPS，是国内最大的自动驾驶智算中心，将自动驾驶模型训练提速近 170 倍。

（2）毫末汽车。基于飞天智算，实现 128 卡并行效率超 96%，使自动驾驶模型训练成本降低 62%，训练速度提升 110%，让模型迭代周期大幅缩短。

2. 在生命科学领域

深势科技采用飞天智算平台之后，将集群性能优化提升超过 100%，让分子动力学仿真模拟训练效率提升了 5 倍以上。

3. 在工业领域

（1）智己汽车。运用高性能计算将工业仿真的效率提升了 25%，智能驾驶训练效率提升了 70%，加速了新车型的研发上市。

（2）山东德州电力。通过 AI 进行复核预测，准确率达到了 98%，耗时从 1 小时缩短至几分钟。

4. 在城市治理领域

（1）四川成宜高速。通过“数字孪生”技术进行车路协同优化，使事故率降低 60%。

（2）重庆水务。通过遥感数据与仿真推演，实现水利调度预测准确性高达 95%。

（3）南方电网与中国气象局。利用智算能力提升气象预报的准确性与稳定性。

第二节 AI 芯片类

目前，AI 芯片主要是指 GPU、FPGA、ASIC 等 AI 加速芯片（寒武纪主要是 ASIC 专用集成电路），主要用于解决人工智能庞大的算力需求。

AI 拉动 GPU/FPGA/ASIC 量价齐升。人工智能芯片多用传统型芯片，或用昂贵的图形处理器（GPU），抑或用现场可编程门阵列芯片配合中央处理器（FPGA+CPU），用于在云端数据中心的深度学习训练和推理，通用/专用型 AI 芯片（ASIC），也就是张量处理器或特定用途集成电路（ASIC），主要是针对具体应用场景，三类芯片短期内将共存并在不同应用场景形成互补（见表 5-1）。

表 5-1 CPU、GPU、FPGA、ASIC 特点对比

类别	CPU	GPU	FPGA	ASIC
特点	大规模并行计算方面受到限制，擅长处理逻辑控制，提高系统可靠性，通用性好	性能高、计算能力强、功耗高、通用性好	可编程性、灵活功耗和通用性介于 GPU 与 ASIC 之间	定制化设计，性能稳定，优秀的功耗控制
代表公司	英特尔、AMD	英伟达、AMD	赛灵思	寒武纪、地平线、比特大陆、谷歌（TPU）

资料来源：ADLINK、国金证券研究所。

一、寒武纪

（一）寒武纪介绍

中科寒武纪科技股份有限公司（以下简称“寒武纪”）成立于 2016 年，寒武纪主攻的是人工智能芯片，这是一个相对于传统芯片的概念。专注于人工智能芯片产品的研发与技术创新，致力于打造人工智能领域的核心处理器芯片，让机器更好地理解和服务人类。

寒武纪提供云边端一体、软硬件协同、训练推理融合、具备统一生态的系列化智能芯片产品和平台化基础系统软件。寒武纪产品广泛应用于服务器厂商和产业公司，面向互联网、金融、交通、能源、电力和制造等领域的复杂 AI 应用场景，提供充裕算力，推动人工智能赋能产业升级。

（二）寒武纪产品

芯片行业普遍用“制程”描述制造工艺的先进程度，制程越低，芯片产品先进程度越高。28 nm 普遍被视为成熟制程和先进制程之间的分界线。

如表 5-2 所示，2018—2021 年，寒武纪基本保持着每年推出一款 AI 芯片的节奏，至今发展出了云端智能芯片及加速卡、边缘智能芯片及加速卡两大 AI 芯片业务。其中，寒武纪 2021 年推出的最新产品思元 370，已将制造工艺推进至台积电 7 nm。

表 5-2　2018—2021 年寒武纪产品

产品线	产品类型	寒武纪主要产品	推出时间
云端产品线	云端智能芯片及加速卡	思元 100（MLU100）芯片及云端智能加速卡	2018 年
		思元 270（MLU270）芯片及云端智能加速卡	2019 年
		思元 290（MLU290）芯片及云端智能加速卡	2020 年
		思元 370（MLU370）芯片及云端智能加速卡	2021 年
	训练整机	玄思 1000 智能加速器	2020 年
边缘产品线	边缘智能芯片及加速卡	思元 220（MLU220）芯片及边缘智能加速卡	2019 年
IP 授权及软件	终端智能处理器 IP	寒武纪 1A 处理器	2016 年
		寒武纪 1H 处理器	2017 年
		寒武纪 1M 处理器	2018 年
	基础系统软件平台	寒武纪基础软件开发平台（适用于公司所有芯片与处理器产品）	持续研发和升级，以适配新的芯片

在投入端，过去几年间寒武纪的研发费用始终处于较高水平。2017 年开始，寒武纪的研发费用率每年都超过了 100%。根据财报数据，2017—2021 年，寒武纪合计投入研发费用达 27. 17 亿元。

而寒武纪自 2019 年开始实现规模化出货，随后不同型号智能芯片及加速卡产品的销量在 2020 年、2021 年分别达到约 8. 05 万片、约 93. 16 万片（2019 年数据未公布）。

由此看来，目前寒武纪无疑仍处于达到盈亏平衡点的积累期。

被誉为“AI 芯片第一股”的寒武纪，在 ChatGPT 概念加持下，股价由不足 55 元暴涨至 186. 39 元，不到一个季度涨了 241. 6%。不过，与火爆的股价相比，寒武纪的业绩则颇令人失望。

1. 智能加速卡

（1）MLU370-S4 智能加速卡面向高密度云端推理。

MLU370-S4 加速卡采用思元 370 芯片，TSMC 7 nm 制程，寒武纪新一代人工智能芯片架构 MLUarch 03 加持，支持 PCIe Gen 4，板载 24 GB 低功耗高带宽 LPDDR 5 内存，板卡功耗仅为 75 W，相较于同尺寸 GPU，可提供 3 倍的解码能力和 1.5 倍的编码能力。MLU370-S4 加速卡的能效出色，体积小巧，可在服务器中实现高密度部署。

（2）思元 290——寒武纪首颗 AI 训练芯片。

寒武纪思元 290 芯片，采用创新性的 MLUv 02 扩展架构，使用台积电 7 nm 先进制程工艺制造，在一颗芯片上集成了高达 460 亿的晶体管。芯片具备多项关键性技术创新，采用 MLU-Link™多芯互联技术，提供高带宽多链接的互连解决方案；HBM 2 内存提供 AI 训练中所需的高内存带宽；vMLU 帮助客户实现云端虚拟化及容器级的资源隔离。多种全新技术帮助 AI 计算应对性能、效率、扩展性、可靠性等多样化的挑战。

（3）MLU270-S4 智能加速卡——为高能效比 AI 推理设计的数据中心级加速卡。

MLU270-S4 加速卡功耗仅为 70 W，处理非稀疏人工智能模型的理论峰值性能提升至上一代思元 100 的 4 倍，可广泛支持视觉、语音、自然语言处理以及传统机器学习等高度多样化的人工智能应用，帮助 AI 推理平台实现超高能效比。

2. 智能加速系统

寒武纪玄思 1000 智能加速器整机在 2U 机箱内集成了 4 颗思元 290 智能芯片，可实现 AI 算力多向扩展，满足性能、扩展性、灵活性、鲁棒性的要求。

3. 智能边缘计算模组

MLU220 是一款专门用于边缘计算应用场景的 AI 加速产品（边缘人工智能加速卡），用户既可以使用 MLU220 作为 AI 加速协处理器，也可以使用其实现 SOC 方案。

（1）MLU220-SOM。

MLU220-SOM 智能模组采用全新的 MLUv02 架构，信用卡大小的模组上可以实现 16 TOPS AI 算力的单系统解决方案，功耗仅为 15 W。

MLU220-SOM 模组可广泛应用于智慧电力、智能制造、智慧轨交、智慧能源等边缘计算场景。支持视觉、语音、自然语言处理以及传统机器学习等高度多样化的人工智能应用，实现各种业务的边缘端智能化解决方案。

（2）MLU220-M.2 边缘端人工智能加速卡。

思元 220 芯片基于寒武纪 MLUv02 架构，手指大小的标准 M.2 加速卡集成了 8 TOPS 理论峰值性能，功耗仅为 8.25 W，可以轻松实现终端设备和边缘端设备的 AI 赋能方案。MLU220-M.2 加速卡可广泛应用于智能电网、智能制造、智慧轨交、智慧金融等边缘计算场景。支持视觉、语音、自然语言处理以及传统机器学习等多样化的人工智能应用，实现各种业务的边缘端智能化解决方案。

4. 终端智能处理器 IP

（1）Cambricon-1M 系列。

1M 作为寒武纪第三代架构，具备了更优性能、更低功耗和更强的完备性，混合支持 fp32/fp16/int32/int16/int8/int4 位宽，增加了压缩解压缩模块。在上代产品的基础上，可支持个性化人工智能应用，也可使用于多路视频实时处理和自动驾驶等领域。

（2）Cambricon-1H 系列。

1H 作为寒武纪第二代架构，较初代产品能效比有着数倍提升，可以广泛应用于计算机视觉、语音识别、自然语言处理等人工智能处理关键领域。

5. 软件开发平台

（1）寒武纪基础软件平台。

寒武纪基础软件平台是寒武纪专门针对其云、边、端的智能处理器产品打造的软件开发平台。其采用云边端一体、训推一体架构，可同时支持寒武纪云、边、端的全系列产品。

寒武纪终端 IP、边缘端芯片、云端芯片共享同样的软件接口和完备生态，可以方便地进行智能应用的开发、迁移和调优。

（2）寒武纪推理加速引擎 MagicMind①。

MagicMind 是寒武纪全新打造的推理加速引擎，也是业界首个基于

① 资料来源：寒武纪官网，cambricon.com。

MLIR 图编译技术达到商业化部署能力的推理引擎。MagicMind 支持跨框架的模型解析、自动后端代码生成及优化。用户使用 MLU、GPU 或者 CPU 训练好的算法模型，借助于 MagicMind 仅需投入极少的开发成本，即可将推理业务部署到寒武纪全系列产品上，并获得颇具竞争力的性能。

MagicMind 的优势在于不仅可以提供极致的性能、可靠的精度以及简洁的编程接口，让用户能够专注于业务本身，无须理解芯片更多底层细节就可实现模型的快速高效部署，通过 MagicMind 插件化的设计，还可以满足在性能或功能上追求差异化竞争力的客户需求。

二、景嘉微

（一）景嘉微介绍

长沙景嘉微电子股份有限公司（以下简称“景嘉微”）成立于 2006 年 4 月，其致力于信息探测、处理与传递领域的技术和综合应用，为客户提供高可靠、高品质的解决方案、产品和配套服务。2016 年 3 月，公司在深交创业板成功上市，股票代码：300474。

公司具备齐全的科研生产资质和认证资质，与多家科研院所和高校建立了战略合作伙伴关系，成立了联合实验室、工程中心。产品涵盖集成电路设计、图形图像处理、计算与存储产品、小型雷达系统、无线通信系统、电磁频谱应用系统等方向，广泛应用于有高可靠性要求的航空、航天、航海、车载等专业领域。

发展历程：

2006 年，成立长沙景嘉微电子有限公司。

2006 年，成立全资子公司：北京麦克斯韦科技有限公司。

2007 年，研制成功 M9 系列 GPU 芯片驱动。

2009 年，完成“高新技术企业”“双软企业”认证。

2010 年，自研 GPU 项目获得国家“核高基”专项支持。

2012 年，完成股份制改造，被评为国家火炬计划重点高新技术企业。

2014 年，国内首款高性能 GPU 芯片——JM5400 研制成功。

2015 年，成立全资子公司：长沙景美集成电路设计有限公司。

2016 年，创业板上市，股票代码：300474。

2017 年，成立长沙景嘉微电子股份有限公司石家庄分公司，长沙梅溪湖科研生产基地正式启用。

2018 年，第二代图形处理器芯片（GPU）——JM7200 研制成功，成立智能目标感知技术湖南工程研究中心。

2019 年，图形处理器 JM5400 获得湖南省科学技术进步奖一等奖。

2020 年，JM72 系列产品完成与国产 CPU、国产操作系统、国产软件、国产整机等适配工作，并实现规模化应用。

2021 年，92 系列 GPU 芯片研制成功。

（二）景嘉微产品

公司产品主要分为图形图像处理系统、小型雷达系统、GPU 芯片，广泛应用于军工行业，未来将打开民用市场空间。

AI 时代，视觉计算成为主流，图形处理再次将 GPU 推向巅峰，NVDA 成就 10 倍涨幅。GPU 是 2T（to Things）的主要算力承载，GPU 占据算力自主可控设计环节的核心位置。

公司图形显控领域产品包括图显模块和加固类产品，图显模块是公司核心产品；小型专用化雷达产品包括空中防撞雷达、主动防护雷达、弹载雷达微波射频前端等；公司已量产 GPU 芯片产品包括 JM5400、JM7200，新一代高端 GPU 芯片已处于后端设计阶段。

公司图显、雷达产品主要应用于军事装备，在国内机载图显领域占据大部分市场份额，GPU 芯片产品正由军用向信创及民用市场拓展。

景嘉微——GPU 唯一龙头。

1. 集成电路

公司是国内首家成功研制国产 GPU 芯片并实现大规模工程应用的企业，掌握了包括芯片底层逻辑/物理设计、超大规模电路集成验证、模拟接口设计、GPU 驱动程序设计等关键技术，在 GPU 体系结构、图形绘制高效处理算法、高速浮点运算器设计、可复用模块设计、快速大容量存储器接口设计、低功耗设计等方面有深厚的技术积累，先后研制成功 JM5 系列、JM7 系列、JM9 系列等具有自主知识产权的高性能 GPU 芯片，为国内 GPU 的突破发展做出了突出的贡献。

2. 信号处理

公司致力于显示控制及信号处理方向的研究，能提供全面的软硬件全国产化解决方案，形成了低速高精度信号采集、中高速信号采集、数字信号处理等系列产品，构建了高带宽、低时延、极低噪声等领先业界的性能优势，产品广泛应用于有高可靠性要求的航空、航天、航海、车载、工控等恶劣工作环境。

3. 计算与存储

公司专注于高性能、高可靠计算和固态存储关键技术研究，以基于自主 GPU 的通用计算应用中间件、信号处理算法库为核心控制点，以云与 AI、超融合技术为牵引，打造了涵盖固态存储模块、GPU 模块、计算/记录模块、计算/存储服务器及计算存储超融合系统的全系列产品，广泛应用于数据记录、任务数据记录与处理、数据分析处理、高性能嵌入式计算、综合显示控制系统、GIS 应用系统、信号采集处理、数字孪生等领域。

4. 宽带自组网

公司针对有人编队组网、无人编队组网、有人/无人编队协同组网以及各类有人/无人平台远距离高速数据传输的应用需求，积累了具有自主知识产权的通信技术成果，研制了系列化的抗干扰自组网通信产品，产品适用于各类型的飞行器、车辆、船舶等平台。

5. 小型雷达

公司在微波射频和信号处理领域有多年的技术积累，拥有覆盖天线、射频、信号处理、数据处理与系统设计集成能力的专业研发团队，成功开发了一系列小型专用化雷达产品。

6. 电磁频谱

公司针对复杂电磁环境构建需求，突破信号的高灵敏度侦察、高精度测向、灵巧干扰等关键技术，研制了一系列整机、系统与配套应用软件等产品，可模拟真实场景的复杂电磁环境，主要产品有背负式、吸附式、搬移式、车载式、固定式等不同形态的干扰设备，通信信号环境模拟设备、智能报务训练设备、无线报话模拟训练系统、训练评估综合采集设备等，并可提供综合训练系统解决方案。

（三）主要应用

2018 年 12 月国家集成电路产业投资基金入股成为第二大股东，对公司发展具有长足战略意义。

1. 公司受益于 GPU 芯片国产化

GPU 芯片是图形显控核心，全球范围内 GPU 呈现 Intel、Nvidia、AMD 三强割据竞争格局，Intel 凭借 CPU 优势占据 PC 端 GPU 60%以上市场份额，Nvidia 在 PC 独立 GPU 市场占据 80%市场份额。景嘉微是国产 GPU 市场的主要参与者，也是国内唯一自主研发 GPU 并用于商用的公司。公司目前已完成 JM5400、JM7200/7201 两个系列、三款芯片的量产应用，第一代产品 JM5400 于 2014 年 4 月流片成功，主要支撑军用装备；第二代产品 JM7200 于 2018 年 8 月流片成功，在完成军用领域产品替代同时切入民用信创市场。目前公司下一代 JM9 系列 GPU 研发已处于后端设计阶段，预计性能将大幅提升，目标是进入国内信创以及人工智能、云计算等中高端应用领域。

公司新一代 JM7200 芯片已经达到 AMDM9/M72/M96 与国内 CPU 适配的性能效果，预计能够顺利运用在党政军及其他部门办公电脑。在前款芯片研发基础上，已着手开展下一代图形处理芯片研发工作。

JM7200 适配及测试工作稳步推进，与湖南长城、神州数码等签订合作协议，放量可期。截至 2020 年上半年，公司 JM7200 已完成与龙芯、飞腾、麒麟软件、统信软件、道、天脉等国内主要的 CPU 和操作系统厂商的适配工作，与中国长城、超越电子等十余家国内主要计算机整机厂商建立合作关系并进行产品测试，与麒麟、长城、苍穹、宝德、超图、昆仑、中科方德、中科可控、宁美等多家软硬件厂商进行互相认证，共同构建国产化计算机应用生态。JM7200 在通用领域主要应用于桌面办公计算机，目前公司已与湖南长城科技信息有限公司、北京神州数码有限公司等多家公司签订合作框架协议，未来将在产品整合、资源共享及市场合作等方面开展深度合作。我们认为，JM7200 已与国内主要的 CPU、操作系统及软硬件厂商完成适配和测试工作，且与主要整机厂签署协议，为其提供图形处理器或显卡产品，充分验证公司国内 GPU 龙头地位。

2. 军工信息化比重提升，助力公司产品更广泛应用

近年来我国国防财政支出稳步增长。2019 年，我国国防支出 1.21 万亿元，同比增长 7.46%，占 GDP 比重约为 1.23%。根据世界银行数据，发

达国家军费占 GDP 比例在 2%左右，美国、俄罗斯超过 3%，我国与其差距明显。信息化是新时代军队和国防建设的重要内容，近年来我国军队装备投入占比持续增加，2017 年装备投入占国防费用比例已经达到 41.4%，目前军改完成叠加海外局势动荡，“十四五”期间军费向信息化领域倾斜的趋势将持续，显控、雷达等信息化装备投入将持续提升，我国保有量巨大的军机、装甲车、军舰等军用装备显示控制系统和雷达全面国产化将释放巨大市场空间。

我国新研制的绝大多数军用飞机用的都是景嘉微的 GPU，还有很多军用飞机正在换代或即将换代，也都准备用景嘉微的产品，未来军舰、坦克都会换成国产的，业绩的确定性很强。

景嘉微护城河就是军用 GPU 准入门槛高，景嘉微管理层基本上都是来自解放军最高工程技术学府——国防科技大学。

军机领域，根据招股说明书，公司图显系统占据明显的优势地位；船舶领域，其显控系统结构复杂，单个舰艇对显控模块及显示器的需求量较大，建造新型舰艇及舰艇的升级改造对先进的显控设备均有较大的需求，景嘉微亦在积极拓展军用舰艇领域。从行业层面来看，70 周年阅兵中，航空战线全面突破，多款先进战机首次亮相，其他新型主战装备亦有展示，表明我国新型主战装备已经开始批量生产，“十四五”期间军工装备采购有望大幅提升。公司图显产品有望充分受益于军工领域“十四五”采购提升。

第三节　人工智能类

一、科大讯飞

（一）讯飞介绍

科大讯飞股份有限公司（以下简称科大讯飞）成立于 1999 年，是亚太地区知名的智能语音和人工智能上市企业。自成立以来，公司一直从事智能语音、自然语言理解、计算机视觉等核心技术研究并保持国际前沿技术水平；积极推动人工智能产品和行业应用落地，致力于让机器“能听会说，能理解会思考”，用人工智能建设美好世界。

作为技术创新型企业，科大讯飞坚持源头核心技术创新，多次在语音识别、语音合成、机器翻译、图文识别、图像理解、阅读理解、机器推理等各项国际评测中取得佳绩。两次荣获“国家科技进步奖”及中国信息产业自主创新荣誉“信息产业重大技术发明奖”，被任命为中文语音交互技术标准工作组组长单位，牵头制定中文语音技术标准。

同时，科大讯飞还获得了以下荣誉：首批国家新一代人工智能开放创新平台、首个认知智能国家重点实验室、首个语音及语言信息处理国家工程实验室、国家 863 计划成果产业化基地、国家智能语音高新技术产业化基地、国家规划布局内重点软件企业、国家高技术产业化示范工程等。

◆ 2008 年，公司在深圳证券交易所挂牌上市（股票代码：002230）。

◆ 科大讯飞坚持“平台+赛道”的发展战略。基于拥有自主知识产权的核心技术，2010 年，科大讯飞在业界发布以智能语音和人机交互为核心的人工智能开放平台——讯飞开放平台，为开发者提供一站式人工智能解决方案。截至 2022 年 5 月 31 日，讯飞开放平台已开放 493 项 AI 产品及能力，聚集超过 337.3 万开发者团队，总应用数超过 150.1 万，累计覆盖终端设备数 35.1 亿+，AI 大学堂学员总量达到 69.9 万，链接超过 420 万生态伙伴，以科大讯飞为中心的人工智能产业生态持续构建。

◆ 在平台基础上，科大讯飞持续拓展行业赛道，现已推出覆盖多个行业的智能产品及服务，推动在消费者、智慧教育、智慧城市、智慧司法、智能服务、智能汽车、智慧医疗、运营商等领域的深度应用，TO B+TO C 双轮驱动成果显现。

◆ 2016 年，科大讯飞发布讯飞翻译机，开创智能消费的新品类，获得消费市场的广泛认可。

◆ 2018 年，科大讯飞机器翻译系统参加 CATTI 全国翻译专业资格（水平）科研测试，首次达到专业译员水平。

◆ 2019 年，科大讯飞新一代语音翻译关键技术及系统获得世界人工智能大会最高荣誉 SAIL（Super AI Leader，即“卓越人工智能引领者奖”）应用奖；同年 9 月，成为北京 2022 年冬奥会和冬残奥会官方自动语音转换与翻译独家供应商，致力于打造首个信息沟通无障碍的奥运会；同年 10 月，在教育部、国家语委的指导下，承建国家语委全球中文学习平台。

◆ 2020 年，基于在认知智能领域的前瞻攻关，以及将技术规模化落地应用取得的显著应用成效，科大讯飞认知智能国家重点实验室团队获得中国青年的最高勋章——“中国青年五四奖章”。

◆ 2021 年，科大讯飞“语音识别方法及系统”发明专利荣获第二十二届中国专利金奖，这也是国内知识产权领域的最高奖项。[①]

公司是语音 AI 业内的绝对龙头。根据国家工业信息安全发展研究中心发布的《中国智能语音产业发展白皮书 2019—2020》以及 IDC 的报告，公司在国际排名第五，占比为 4.50%；国内排名位列第一，且国内份额接近第二、第三名总和。2021 年，公司再度上榜福布斯中国“最具创新力企业榜”。

（二）讯飞主要业务

公司的主要客户为政府和大型企业，例如教育厅、考试院、教委以及各地学校等，而这些客户具有黏性强、价格敏感度低、更关注解决刚需问题的特点。根据战略规划，公司将在未来五年进行场景聚焦，智慧教育和消费者业务是实现千亿元营收目标的核心。

1. 消费者业务

公司的讯飞输入法、讯飞听见等产品持续升级并保持持续发展态势，同时迭代推出了多款智能硬件新品。

讯飞输入法具备多国文字扫描、公式识别、电子文档识别以及拍照翻译等新特性；讯飞智能办公本，可有效实现对手写内容以及会议谈话内容的智能记录、快速检索和长期管理；讯飞智能录音笔，一站式解决录音、转写、翻译、存储以及文本导出等多种需求；讯飞翻译机具有同声字幕、录音翻译、会话翻译、演讲翻译等功能。

2021 年，公司 C 端硬件产品在“618 大促”中整体销售额同比增长 108%，AI 办公类产品连续三年获得京东、天猫双平台销售额冠军。公司的智能办公综合解决方案，已经累计覆盖超过 2000 家单位和企业。

2. 智慧医疗

未来的一段时间，以人工智能技术提升基层诊疗能力将是国家政策鼓励的方向。公司的人工智能辅助诊疗系统，在诊断过程中给予诊断建议，

① 资料来源：讯飞简介——科大讯飞（iflytek. com），https：//mp. weixin. qq. com/s/DzpS5H8HLBPYpgx0EbDbqg。

提升医生特别是基层医生的诊疗能力和服务水平，提升医疗和公共卫生服务的质量与效率。

公司的智医助理在2017年以456分的成绩通过了国家临床执业医师考试，超过96.3%的人类考生，是迄今业内唯一通过国家执业医师资格考试的辅助诊断产品。

目前，智医助理基层全科辅助诊断系统已实现安徽省内基层医疗机构全面覆盖，在全国20多个省（直辖市）落地应用。累计在全国200余个区县、3万余家基层医疗机构上线，服务5万多名基层医生。

3. 智慧教育

公司深耕校园教育多年，拥有成熟的2B+2C产品线，龙头地位稳固。政策方向最明显的校园2B智慧教育空间超千亿元，而2020年公司在教育板块的整体收入仅为40亿元，空间非常广阔。

2C产品包括个性化学习手册和学习机，近年来增长快速，但渗透率仍不高。目前全国初高中生人数8千万左右，按照两成渗透率计算，2C产品目标群体1600万，这至少是四五百亿元的市场。

2021年，国家连续出台政策整顿教育乱象，大力减轻学生负担。而“双减”工作的核心在于“提高课堂教学效率与质量”“鼓励布置分层次作业、弹性作业、个性化作业”“提高课后服务水平”。这些核心点与讯飞产品高度契合，公司“教、学、管、考、评”全面教育智能化解决方案有望通过AI技术持续为课堂教学赋能。

2022年初，教育部在“教育新春”发布会上提出实现“四个突破”，其中之一就是在提高信息化应用水平上突破，包括整合建设教育管理平台，提升教育管理和科学决策水平；升级国家中小学网络云平台，推进优质教育资源共建共享，强化信息技术与教育教学深度融合应用。公司作为教育信息化领军企业，有望从政策中受益。

公司的相关产品目前已经覆盖全国31个省（自治区、直辖市）3000余所学校。公司AI学习机，集合了人工智能、大数据及丰富的学习资源，利用AI定位学生的知识薄弱点，为每个学生打造个性化精准学习路径，帮助学生高效学习。公司的AI学习机上市以来，电商好评率达到98%，2021年电商618活动中，AI学习产品销售额同比增长高达706%。

4. 智慧城市

公司的数字政府、智慧政务、智慧政法、智慧园区、智能建筑等业务持续升级。铜陵城市超脑入选由城市大脑全球标准研究组推出的《城市大脑全球标准研究报告》，成为全球六个入选经典建设案例的城市之一；在天津发布的“银发”智能服务平台，聚焦于老年群体的高频事项和服务场景，打造语音随访、健康检测、应急救助、咨询外呼等服务场景。

智慧城市中的数字政府主要是以讯飞超脑为核心，结合语音识别特色的城市大脑建设，包括雪亮工程安防业务、政务线上化、智慧交通等。不论是从增速还是从绝对金额上，都呈现领涨趋势。

5. 智能汽车

汽车智能场景具有极高的技术门槛，比如驾驶员的双手限制、杂音环境复杂等，但由于公司在此领域技术积累深厚，是可以大显身手的重要市场。公司的车载音响智能化产品是“飞鱼音效”，这款产品通过公司技术赋能，确保音乐元素分离技术实现智能声场效果。

公司于2011年以量产第一代智能语音车载产品为起始，开启了与汽车行业深度交融的历程。根据公司官网数据，目前总体交付1000多车型项目，同时与90%以上的中国自主车企和合资车企进行合作，覆盖2900万辆及以上汽车前装搭载。

6. 元宇宙相关部分①

虚拟主播可以根据品牌调性量身打造，能全天候不间断与消费者互动，可以规避明星因私人问题引发的道德风险，商业价值非常高。2021年，在国家广电总局网站发布的规划中提出，“加快推进制播体系技术升级，推动虚拟主播、动画手语广泛应用于新闻播报、天气预报、综艺科教等节目生产”。公司于2021年10月24日的开发者大会中表示，公司的3D数据人微表情已经取得了阶段性进展，虚拟人人数已增加至54位。公司于业界率先发起虚拟人交互平台，用情感贯穿从文本语义到语气，再到面部表情等的后台逻辑，在虚拟世界中打造出一个真实的助手，并有望成为广电总局首批拥有资质和牌照的虚拟人合作伙伴。

---

① 资料来源：https：//mp. weixin. qq. com/s/DzpS5H8HLBPYpgx0EbDbqg。

二、商汤科技

（一）商汤介绍

作为人工智能软件公司，商汤集团有限公司（以下简称商汤科技）以“坚持原创，让 AI 引领人类进步”为使命，旨在持续引领人工智能前沿研究，持续打造更具拓展性、更普惠的人工智能软件平台，推动经济、社会和人类的发展，并持续吸引及培养顶尖人才，共同塑造未来。

商汤科技拥有深厚的学术积累，并长期投入原创技术研究，不断增强行业领先的多模态、多任务通用人工智能能力，涵盖感知智能、自然语言处理、决策智能、智能内容生成等关键技术领域，同时具有包含 AI 芯片、AI 传感器及 AI 算力基础设施在内的关键能力。此外，商汤前瞻性打造新型人工智能基础设施——SenseCore 商汤 AI 大装置，打通算力、算法和平台，并在此基础上建立商汤多模态大模型及研发体系，以低成本解锁通用人工智能的任务和能力，推动高效率、低成本、规模化的 AI 创新和落地，进而打通商业价值闭环，解决长尾应用问题，引领人工智能进入工业化发展阶段。商汤科技业务涵盖智慧商业、智慧城市、智慧生活、智能汽车四大板块，相关产品与解决方案深受客户与合作伙伴好评。

作为全球领先的人工智能平台公司，商汤科技 SenseTime 为中国科技部指定的国家新一代人工智能“智能视觉”开放创新平台（其他四个国家 AI 平台分别为阿里巴巴、百度、腾讯、科大讯飞）。同时，商汤科技也是“全球最具价值的 AI 创新企业”，公司总融资额超过 16 亿美元，估值超过 45 亿美元。公司建立了全球顶级、自主研发的深度学习平台和超算中心，并且研发了一系列 AI 技术，包括：人脸识别、图像识别、文本识别、医疗影像识别、视频分析、无人驾驶和遥感等。因此，商汤科技成为中国最大的 AI 算法提供商。商汤科技的市场占有率居多个垂直领域首位，涵盖智慧城市、智能手机、互动娱乐及广告、汽车、金融、零售、教育、地产等多个行业。目前，商汤科技已与国内外 700 多家世界知名公司和机构建立合作，包括美国麻省理工学院、高通、英伟达、本田、阿里巴巴、苏宁、中国移动、银联、万达、华为、小米、OPPO、vivo、微博等。商汤科技现已在香港、北京、深圳、上海、成都、杭州、京都、东京和新加坡等城市成立分部。

（二）商汤技术

以原创技术体系为根基，SenseCore 商汤 AI 大装置为核心基座，布局多领域、多方向前沿研究，快速打通 AI 在各个垂直场景中的应用，向行业赋能。

1. SenseCore 商汤 AI 大装置

商汤全新的 AI 算力中心（AIDC），计算峰值速度将达到 3740 petaflops（1 petaflops 等于每秒 1 千万亿次浮点运算）——作为参照，OpenAI 的千亿参数模型 GPT-3 完整训练一次需要 3.14E23 次浮点运算，而商汤临港 AIDC 的算力仅在一天内即可完成。

商汤的这个全新 AIDC，目标就是为更大规模参数模型的训练而来。

商汤 AI 大装置 SenseCore 的全貌，包含了三层：算力层（AI 芯片及处理卡+AIDC+AI 传感器）；平台层（模型生产+训练平台+数据平台）；算法层（算法工具箱+开源框架）。

三位一体，以基础设施方式输出模型，把 AI 能力输出到企业服务、城市管理和个人生活等三大落地方向中。

区别于“AI 模型”小作坊式的打造，AI 大装置更像流水线工厂，可以实现不同场景的算法模型的底层抽象，以模块化平台套件打造通用型服务平台。

特别是针对 AI 落地中更长尾的客户和场景，能够在组合不同算法套件的基础上完成新场景的定制，以低边际成本实现对新场景的规模化覆盖。而且商汤基于 AI 平台基础设施的系统协同性，以半自动化、自适应的方式，就能实现批量的算法模型生产和迭代升级。

“日日新 SenseNova”大模型体系

2023 年 4 月 10 日，上海——商汤科技 SenseTime 举办技术交流日活动，分享了以“大模型+大算力”推进 AGI（通用人工智能）发展的战略布局，并公布了商汤在该战略下的“日日新 SenseNova”大模型体系，推出自然语言处理、内容生成、自动化数据标注、自定义模型训练等多种大模型及能力。活动上，商汤不仅展示了“日日新 SenseNova”大模型体系下的语言大模型，还展示了 AI 文生图创作、2D/3D 数字人生成、大场景/

小物体生成等一系列生成式AI模型及应用，并公布了商汤依托AI大装置SenseCore实现“大模型+大算力”融合创新的研发体系。

当前业界训练大模型对大算力的需求非常旺盛，并且真正好用的基础设施十分稀缺。商汤历时五年，建设了业界领先的AI大装置，大装置上总共有27000块GPU芯片卡，可以输出5.0 exaFLOPS的总算力，是亚洲目前最大的智能计算平台。基于大装置的能力，商汤目前已构建了计算机视觉、自然语言处理、AI内容生成、多模态、决策智能等多个领域的大模型，具有持续演进能力并广泛支持各种应用。

上帝不掷骰子？“商汤AI大装置”想试试。

2. 智能汽车技术

包括视觉感知技术、激光雷达感知技术、多传感器融合技术、车辆/行人/非机动车行为预测、决策规划及控制技术、高精度地图构建与定位、多芯片平台适配和部署、摄像头适配技术、质量控制体系。

3. 通用人工智能

包括物体检测、关键点定位、身份验证、属性识别、图像聚类、真人检测、肖像美颜、车型识别、场景识别。

4. 增强现实

包括跨平台的轻量级AR/VR引擎、光照估计、实时稠密三维重建、运动恢复结构（SfM）、位置定位与地图构建（SLAM）、平面/三维物体的识别与跟踪。

5. 智能内容生成

包括2D/3D关键点捕捉、3D关键点驱动、虚拟穿戴、数字人、肖像风格化、图像/视频编辑。

6. 智能内容增强

包括去雾、视频风格化、滤镜、后聚焦、失焦修复、单图HDR、超级夜景、修复（快速去噪）、图像超分辨率。

7. 决策人工智能

包括游戏AI智能体、群体智能、通用决策AI工具链、自动驾驶决策系统、交通信号控制、复杂计算图优化、多模态数据处理、强化学习算法框架设计、分布式深度强化学习系统设计和优化。

8. 医学图像分析

包括多模态数据的配准、病灶/部位分割与量化、病灶良恶性鉴别与疾病分级、病灶类型鉴别、病灶/部位检测与定位。

第四节　卫星互联类

一、北斗星通

（一）北斗星通简介

北京北斗星通导航技术股份有限公司（以下简称“北斗星通”，股票代码：002151）成立于2000年9月25日，是我国卫星导航产业首家上市公司。北斗星通因“北斗”而生，在我国首颗北斗卫星发射前夕注册成立；20余年来，北斗星通伴“北斗”而长，推动并见证了我国卫星导航及相关产业发展。

今天的北斗星通，已成为一家总资产超75亿元，员工人数超4000人的科技产业集团，围绕卫星导航、汽车智能网联、微波陶瓷器件三大业务方向，为全球用户提供卓越的产品、解决方案及服务。

智能化时代已经到来，随着北斗全球卫星导航系统建成开通、国家综合PNT体系的建设，我国卫星导航与位置服务产业发展迎来了黄金新十年。北斗星通将顺应用户需求升级、多技术融合加速与商业模式变革等趋势，加速打造“云+IC/端”业务模式，推动位置产业“芯片、云服务、天线、惯导、汽车智联”五子联动发展，全力构建智能时代的“位置数字底座”，为中国卫星导航与位置服务产业发展贡献力量，为广大用户创造价值，为全球智能时代发展赋能。

（二）三大业务方向

20余年来，北斗星通始终奉行“用户前台、合作多赢”的经营理念。作为中国早期从事卫星导航定位业务的专业公司之一，北斗星通致力于为用户提供基于卫星导航定位技术的解决方案。在卫星导航定位产品业务领域，公司通过合作创新与自主创新，为测绘、机械控制、海洋渔业、国防、通信、电力等领域提供BDNAV GNSS系列板卡、北斗集团用户中心系列设备等多系列产品；在基于位置的信息系统应用业务领域，公司通过集成创新将卫星导航定位、通信、地理信息等多种资源与应用行业作业流程深度融合，提高行业用户生产作业效率、降低作业成本；基于位置的运营服务业务是北斗星通发展的又一重要战略方向，公司已建成以北斗系统为核心，并融合移动通信系统和互联网的北斗运营服务网络，为注册用户提供导航定位、数字报文通信和基于位置的增值信息服务。北斗星通的三大业务相互补充，互相促进，形成了“产品+系统应用+运营服务”的业务发展模式，也造就了“北斗星通”这一响亮的卫星定位品牌。

公司还拥有GPS、GLONASS、Galileo以及北斗一代、二代信号模拟器产品。

1. 卫星导航

北斗星通开拓了我国首个北斗民用规模化应用，发布了我国首颗多频多系统高性能GNSS芯片。公司自主开发的卫星导航基础类产品全面领跑行业，广泛应用于生产、生活及社会发展各领域。

北斗星通卫星导航芯片、模块、板卡、天线等基础类产品全面领跑行业。顺应用户需求与商业模式变革，北斗星通正着力打造位置云服务平台，积极构建“云+IC/端”业务模式，为广大用户提供更能满足智能化时代要求的卓越产品和服务。

2. 微波陶瓷器件

北斗星通是全球少数同时具备低温共烧陶瓷（LTCC）和高温陶瓷（微波介质）材料制备工艺技术的企业之一。微波陶瓷器件主要包括基础材料、LTCC元器件和微波介质元件，广泛应用于5G通信、卫星通信、汽车电子、航空航天、消费电子等领域。

3. 汽车智能网联

北斗星通有丰富的汽车座舱产品、方案开发及制造经验，具备DA、IVI、TBOX、液晶仪表、域控制器、V2X、智能天线、TSP、手机App全套汽车智能座舱类产品专业开发及量产能力。此外，北斗星通为宝马、奔驰、大众等国际知名汽车厂商提供汽车电子电器测试与验证服务，是全球重要的汽车工程服务提供商。

（三）北斗芯片龙头，数字经济底座

1. 时空数据是数字经济的“血液”，北斗是数字经济的底座

数据是数字经济的“血液”，北斗与数字经济最重要的契合点就是北斗所产生的时间和空间数据。数字经济产生积累的海量数据为北斗应用提供了广阔途径，运用北斗产生的时空数据可以将各类数据串联起来，并贴上时空标签，使数据的精准程度更上一层楼，形成数据驱动下的智能发展。未来，北斗还将与人工智能相结合，如智能服务机器人、智能人机交互系统等，形成人和机器协作共事的常态。

2. 北斗芯片龙头，高精度云服务是亮点

北斗星通是国内北斗导航芯片、模组、板卡、天线龙头，其北斗/GNSS 芯片、板卡模组等产品代表国内最高水平。公司布局了“物联网芯片、下一代 PNT 芯片、云服务、天线、惯性”业务，提供“高精度位置数据服务+高性能自主定位芯片/端+各类融合技术等”整体解决方案。

3. 无人机、机器人、可穿戴设备和自动驾驶对北斗芯片需求旺盛

针对民用市场，公司卫星导航相关产品主要包括高精度模组、标准精度芯片、天线、数据服务等，下游涵盖无人机、测量测绘、智慧农机、机器人、可穿戴设备、自动驾驶等，在北斗/GNSS 芯片方面国内市场占有率超 60%。公司主要受益于无人化、智能化需求提高下的北斗下游应用拓展，以及国产替代需求释放。

4. 北二或全面换装北三，特种行业需求爆发，上游芯片环节有望率先受益

北斗系统构成了我国重要的时空基础设施，使我国摆脱了依赖国外系统的状况，开启了我国时空体系独立自主的新时代。2012 年北斗二号组网以后，相关特种订单出现一轮爆发。预计，北斗三号大规模换装订单将在 2023 年开始释放，2024—2025 年达到交付高峰。北三系统是目前唯一实现了通导遥一体化的卫星导航系统，预计较作为过渡阶段使用的北斗二代装备的体量规模显著增长。我们预计，存量市场或在 3~5 年内全部换装北三系统；增量市场空间巨大：“十四五”时期是武器装备更新换代的大周期，

新型武器装备列装将推动卫导产品需求的持续增长。我们认为，弹载和机载应用将是两大增速极快的细分赛道；而上游芯片、板卡等基础器件厂商有望最先放量。①

二、航天宏图

（一）航天宏图简介

航天宏图信息技术股份有限公司（以下简称航天宏图，股票代码：688066）成立于2008年，是国内领先的卫星互联网企业，是科创板首批上市企业。公司研发了具有完全自主知识产权的遥感与地理信息一体化软件PIE（Pixel Information Expert），拥有国内首个遥感与地理信息云服务平台PIE-Engine，实现了遥感基础软件的国产化替代，为政府、企业、高校以及其他有关部门提供基础软件产品、系统设计开发、遥感云服务等空间信息应用整体解决方案。

公司总部位于北京，在全国设有150余个分支机构，在西安、成都、武汉、南京、长沙等地建立研发中心。公司现有员工3500余人，其中博士150余人、硕士1300余人，海外留学归国人才及行业专家200余人，工程技术人员占80%以上。拥有国家重点高新技术企业、双软企业、CMMI L5、测绘甲级、系统建设和服务能力评估4级等资质。拥有150余项发明专利和800余项软件著作权。

公司基于自有基础软件平台和核心技术，独立承担和参与了一系列国家重大战略工程。服务自然资源、生态环境、应急管理、气象、海洋、水利、农业等多个行业部门，提供系统咨询设计、全流程全要素遥感信息分析处理，支撑政府机构实施精细化监管和科学决策；服务金融保险、精准农业、能源电力、交通运输等企业用户，提供空天大数据分析和信息服务；还为其他有关部门提供目标自动识别、精确导航定位、环境信息分析等服务。

（二）行业解决方案

1. 智慧气象

气象领域是公司的传统优势领域，公司具备丰富的业务领域经验和技

---

① 资料来源：https：//mp. weixin. qq. com/s/i6WpHYbafFbGJlzT10YvJw。

术，目前气象领域业务范围涵盖气象数据服务、软件开发技术服务、气象智库及工程咨询以及专业气象保障服务。依托接收的常规气象观测资料、气象卫星资料、雷达资料、数值预报产品等多源数据，基于定量反演、机器学习、云计算、大数据、人工智能、知识图谱、快速循环同化、虚拟现实等前沿技术，建立了气象大数据云平台、气象遥感卫星地面应用系统、气象灾害风险预警及突发事件预警信息发布平台、精细化区域数值预报和灾害性天气临近智能预报预警系统、典型复杂天气过程模拟仿真与推演系统等多条核心产品线，面向整个气象行业提供信息化系统顶层设计、软件研发应用、数据共享服务等，同时也向道路、航空、航海、电力、农业等行业领域开展针对性的精准气象监测预警预报保障服务。

2. 数字孪生

数字孪生具有全域感知、多源数据融合、高效建模、实时动态仿真、可视化等核心能力，面向基础设施的设计、施工和运维业务场景下的资源整合、应用服务调度、业务流程集成与跨平台协同需求，航天宏图以自有知识产权的 PIE 系列产品为支撑，研发出数字孪生平台框架，已应用于石油化工、长输管道、电力工程、文旅等众多领域，形成了数字化交付云平台（dubhe）、油气田地面工程、智能油气管道、海上风电、博物馆数字孪生应用等多项综合解决方案。

3. 城市遥感监测云服务

智慧城市遥感监测服务平台面向地市级政府，将遥感技术应用到城市治理的实质性日常业务体系中，在私挖盗采监测、垃圾堆占监测、违法建筑监测等领域提供面向城市治理精准分析、整体研判、协同指挥、科学治理的整体解决方案和 SaaS 应用服务，促进政务管理“决策科学化”“治理精准化”“服务高效化”。

4. 智慧林草

航天宏图智慧林草服务，充分利用卫星遥感、物联网、移动互联网、地理信息、大数据等新一代信息技术，围绕林草业务为林草业赋能，通过感知化、物联化、智能化手段，形成生态立体感知、管理协同高效、价值精细凸显、服务内外一体的林草信息化模型。有效提升林草生态效益和生态服务能力，可为智慧林草生态名片及业务管理能力赋能，降低林草业务及行业管理成本，提升林草经济价值。

5. 智慧交通

围绕国家建设交通强国、发展数字经济等战略方向，立足交通行业难点问题，基于航天宏图在遥感、SAR 卫星监测、北斗、气象、元宇宙等领域的优势，在公司自主开发的 PIE 系列产品基础上，形成具有宏图特色的智慧交通解决方案，为交通新基建、交通气象、轨道交通等领域赋能，提供全方位、全周期的数字化产品和服务，助力行业高质量发展。

6. 国土资源管理

建设生态文明是中华民族永续发展的千年大计，必须树立和践行绿水青山就是金山银山理念，统筹山水林田湖草沙系统治理。航天宏图基于自主研发的 PIE 系列产品，全面增强卫星遥感在自然资源领域的应用，从自然资源调查监测评价、自然资源统一确权登记、国土空间规划、耕地保护等自然资源业务出发，提升自然资源管理一体化、精细化和智慧化水平，服务“两统一”职责，实现从传统管理到精准智慧治理的转变。

7. 智慧水利

以智慧水利为目标，以水利信息化服务为主线，以遥感和咨询设计为特色，致力于信息技术的持续创新及其在水利行业中的普及应用，促进云计算、人工智能、大数据、区块链、遥感、地理信息等信息技术与水利业务的深度融合，驱动创新水利业务流程，为水利业务的动态、精准和智能管理服务，赋能水利信息化。

8. 空间环境作业

面向航天、航空、通信、导航定位及特种用户需求，提供面向空间天气业务的一体化业务平台建设，提升空—天—地等多源数据收集、数据预处理、监测分析、融合处理、预报预警、应用服务、专题产品制作、产品共享发布等全流程的业务支撑能力；开展行星际、太阳活动、电离层、邻近空间以及地磁暴的全方位分析评估、预测与预警；提供面向邻近空间飞行器的邻近空间监测预警及典型应用服务、电离层监测预警及典型应用服务。

9. 北斗领域

公司凭借多年技术积累，紧抓导航发展机遇，会聚英才，集智攻关，深入推动北斗领域发展，并经过持续发力，逐步在北斗业务领域形成了八大核心优势，具备北斗核心工程建设能力、卫星导航数据分析评估能力、卫星导航系统模拟仿真能力、北斗高精度定位服务能力、北斗短报文特色应用能力、地图导航行业应用能力、导航遥感融合服务能力，以及卫星导航顶层规划咨询能力。

10. 农业农村

航天宏图依托多年积累的先进遥感观测和处理能力，建立海量农业与遥感大数据引擎，通过高维信息智能感知与大数据挖掘技术，面向农户、农企、农业管理部门，提供农业农村大数据、泛农业生产、农业农村信息、农业农村资源管理、乡村建设等全方位可定制服务，提高泛农业生产效率，赋能农业农村产业化经营与管理，提高乡村治理能力，推动农业农村现代化，助力乡村振兴。

11. 虚拟仿真

面向军队指挥机关、部队、研究院所以及航天、航空、船舶、电子、兵器等国防工业部门，采用仿真建模、虚拟现实、人工智能、地理信息、智能交互、LVC 等先进技术，搭建作战运用仿真实验平台、沉浸式模拟训练器材和装备仿真试验床，为模拟训练、装备仿真、作战研究仿真提供工作全流程和平台支持，实现装备作战效能评估、作战方案优化仿真，实现装备操作训练和组网战术模拟训练，实现体系级对抗环境下的装备和作战联合试验。

12. 国土空间规划

国土空间规划是国家空间发展的指南、可持续发展的空间蓝图，是各类开发保护建设活动的基本依据。建立国土空间规划体系并监督实施，将主体功能区规划、土地利用规划、城乡规划等空间规划融合为统一的国土空间规划，实现“多规合一”，强化国土空间规划对各专项规划的指导约束作用，是党中央、国务院做出的重大部署。

第五节　金融科技类

一、幻方量化

（一）幻方量化简介

杭州幻方科技有限公司（此处对应的是九章资产，曾用名杭州幻方科技有限公司），于2015年6月11日在杭州市下城区市场监督管理局登记成立。通常说的幻方量化包括浙江九章资产管理有限公司（简称九章资产）和宁波幻方量化投资管理合伙企业（有限合伙）（简称宁波幻方量化）两部分。

幻方量化是一家完全用人工智能进行投资的基金公司，使用神经网络处理海量数据、建立自然语言理解、分析金融经济行为。

幻方量化是依靠人工智能技术进行量化投资的对冲基金公司与科技公司，当前资产管理规模逾400亿元，团队成员130人。幻方量化团队会聚IT极客与各领域专家，使用神经网络处理海量数据、建立自然语言理解、分析金融经济行为，构建大模型预测金融市场。

幻方量化一直认同科技是探索世界的最佳方式，取得了出色的投资业绩。

发展历程：

2015年，创始元年。创立幻方量化，依靠数学与人工智能进行量化投资。创始团队意气风发、勇于创新、勤勉奋进，立志成为世界顶级的量化对冲基金公司。

2016年，第一个AI模型。2016年10月21日，第一个由深度学习算法模型生成的股票仓位上线实盘交易，使用GPU进行计算。在此之前，算法主要依靠线性模型和传统机器学习算法，模型计算主要依赖CPU。

2017年，策略全面AI化。持续扩大AI算法研究团队和AI软硬件研发团队。至2017年底，几乎所有的量化策略都采用AI模型计算。

2018年，荣获金牛奖。确立以AI为公司的主要发展方向。复杂的模型计算需求使得单机训练遭遇算力瓶颈，同时日益增加的训练需求和有限的计算资源产生了矛盾，促其寻求大规模算力解决方案。首次获得私募金牛奖荣誉。

2019年，百亿元量化。幻方AI（幻方人工智能基础研究有限公司）注册成立，致力于AI的算法与基础应用研究。AI软硬件研发团队自研幻方“萤火一号”AI集群，搭载了500块显卡，使用200 Gbps高速网络互联。

High-Flyer Capital Management（Hong Kong）Limited（幻方资本）成立，获得香港九号牌。幻方量化跻身百亿元私募。

2020年，“萤火一号”投入使用。“萤火一号”总投资近两亿元，搭载1100加速卡，于当年正式投用，为幻方的AI研究提供算力支持。

High-Flyer Capital Management（Hong Kong）Limited（幻方资本）获批QFII（合格境外机构投资者）资格，吸引海外资金长期投资A股市场。

2021年，“萤火二号”与公益年。幻方AI投入10亿元建设“萤火二号”。“萤火二号”是一期确立以任务级分时调度共享AI算力的技术方案，从软硬件两方面共同发力：高性能加速卡、节点间200 Gbps高速网络互联、自研分布式并行文件系统（3FS）、网络拓扑通信方案（hfreduce）、算子库（hfai. nn）、高易用性应用层等，将“萤火二号”的性能发挥至极限。

幻方量化成为宁波市证券投资基金业协会理事单位。历经约一年半时间的运行，“萤火一号”光荣谢幕。幻方公益工作小组成立，以专业化可持续的公益方式回馈社会。

2022年，守望相助，突破极限。幻方量化共计向慈善机构捐赠2.2138亿元，公司员工“一只平凡的小猪”个人捐助1.38亿元，支持15家慈善机构的23个公益项目，在全国范围内帮助弱势群体，促进社会的公平和发展。

“萤火二号”取得了800多台交换机互联加核心扩展子树的软硬件架构革新，突破了一期的物理限制，算力扩容翻倍。新的hfai框架让模型加速50%~100%。

集群连续满载运行，平均占用率达到96%以上。全年运行任务135万个，共计5674万GPU时。用于科研支持的闲时算力高达1533万GPU时，占比27%。

（二）幻方量化投资能力卓越

幻方量化用科学理解金融市场，对金融资产进行定价和投资。利用 AI 技术，幻方量化拥有卓越的量化投资能力，通过神经网络处理海量数据、建立自然语言理解、分析金融经济行为，连续多年取得出色的业绩。

1. AI 量化交易的引领者

幻方量化从 2008 年开始使用机器学习等技术探索全自动量化交易。2016 年 10 月 21 日，第一份由深度学习生成的交易仓位上线执行。2017 年，全面应用深度学习技术进行交易。在 AI 量化交易上积累了丰厚的实战经验，历经了不同的市场风格，且持续投入 AI 算法研究。

2. 强大的研发平台

幻方 AI 自主建设了“萤火”系列 AI 训练平台。平台拥有异常强大的计算性能、存储性能和互联通信能力。策略研究员可以快速高效地验证自己的想法，不受算力、模型大小等因素的制约。

“萤火二号”以“任务级分时共享”为核心理念，调度系统秒级响应，让每个研究人员都能拥有顺畅的训练体验。同时，平台配备强大的软件层支持：高性能算子库（hfai. nn）、分布式训练通信框架（hfreduce）、专为 AI 开发而生的大容量高带宽文件系统（3FS），让 AI 模型能自如拓展到多节点之上，进行大规模并行训练，体验极致性能。

3. 科学的数据挖掘和分析

数据是 Alpha 的根本来源。自 2008 年起，幻方量化就开始积累市场行情数据、宏观经济数据及金融市场其他相关数据，累积数据量超过 10 PB。如今，幻方拥有数十个不同的数据源，并且还在每天持续更新。数据的挖掘和分析是一项非常细致和专业的工作。

4. 成立新的独立研究组织，探索 AGI

2023 年 4 月 14 日，千亿量化私募巨头幻方量化公告称，将集中资源和力量，投身人工智能技术，成立新的独立研究组织，探索 AGI。所谓 AGI 即 Artificial General Intelligence 的简写，专指通用人工智能，这一领域主要专注于研制像人一样思考、像人一样从事多种工作的机器。幻方量化称，公司可能站在这个时代最伟大变革的前夜。人工智能出现的 70 年后，第一次涌现出令人惊叹的智慧，新纪元的大门打开了。

二、第四范式

（一）第四范式简介

第四范式成立于2014年9月，是企业级人工智能领域的行业先驱者与领导者。第四范式提供以平台为中心的人工智能解决方案，并运用核心技术开发了端到端的企业级人工智能产品，致力于解决企业智能化转型中面临的效率、成本、价值问题，提升企业的决策水平。依托领先的机器学习技术与丰富的行业实践经验，第四范式打造了企业智能化转型战略产品“天枢”，通过构建以消费者为中心的全链路客户流量运营，帮助企业实现以创造业务价值为目标的智能化转型。此外，第四范式为企业树立了正确的转型目标和方法，通过自动化AI应用构建平台第四范式HyperCycle ML，提升AI建模效率，降低AI应用门槛，将AI技术快速、规模化落地到企业众多业务场景中，提升了业务场景价值。现已广泛应用于金融、零售、制造、能源与电力、电信及医疗保健等领域，在中国所有以平台为中心的决策型企业级AI市场中排名第一。

（二）第四范式产品

1. 第四范式北极星平台

帮助企业围绕一致的北极星指标，通过不断地实验迭代，实现高效可控的创新及数字化转型。

2. 4Paradigm Sage AIOS 企业级AI操作系统

通过面向AI时代的“数据治理”“资源管理”和“应用管理”的三方面核心能力，AIOS连通底层基础设施与上层应用软件，为各类AI操作系统开发与上线保驾护航，提供高实时、高性能、高可用的运行支撑。

3. 第四范式企业智能应用市场

（1）模型风险管理平台。一站式企业级模型风险全生命周期管理平台。

（2）司南选址。基于海量时空数据结合机器学习构建选址模型，一键推荐潜力区域，辅助企业选址决策。

（3）第四范式隐私计算解决方案。安全中立、技术领先、具备数据生态的端到端隐私计算解决方案，助力企业在保证数据安全的前提下实现多方数据的融合及使用，产生落地业务价值。

4. 4Paradigm Sage Studio

全流程、低门槛 AI 应用开发与上线平台。基于第四范式自研高维机器学习计算框架和 AutoML 算法与技术，通过第四范式 AI 建模功能强大、标准化、模块化的全栈 AI 开发与上线能力，满足企业落地 AI 对“效果”诉求的同时，提供 AI 平台规模化落地所需的“效率”。

5. 4Paradigm Sage HyperCycle

自动决策类机器学习平台。第四范式机器学习平台是第四范式倾力打造的新一代低门槛、标准化、自动化人工智能机器学习平台产品系列。

（1）HyperCycle ML。低门槛、标准化、全自动的决策类机器学习平台，帮助没有足够专业 AI 知识的人员轻松快速构建 AI 应用，其 AI 效果超过 90%的专家建模，并持续提升。

（2）HyperCycle CV。新一代计算机视觉算法 AI 平台，支持图像分类、目标检测和分隔等场景，小时级别的快速验证效果，低门槛易上手，用户只需标注几十张数据，即可构建专属的视觉模型，其效果也随着标注数据的增加而持续提升。

（3）HyperCycle OCR。新一代图像文字提取算法平台，解决客户大量个性化版式的卡证、票据等识别的问题，低门槛易上手，点击鼠标即可建立专属模型，一个模型即可覆盖同种单据多种版式，并轻松拓展 N 个场景，场景效果持续提升。

6. 4Paradigm Sage Knowledge Base

低门槛、全流程知识图谱构建平台。第四范式知识图谱（第四范式 KB）将大量专家知识模块化封装进第四范式 NLP 产品，建立普通业务人员经简单培训即可使用的全流程知识图谱平台，针对不同行业和领域提供知识驱动的复杂应用分析及决策支持。

7. 4Paradigm Sage LaunchPad

一站式 AI 应用上线平台。一站式的 AI 模型线上管理运维平台，提供异构 AI 模型全生命周期管理及 AI 应用管理、应用监控和运维可视化功能，解决 AI 应用部署、落地难的问题。

（三）行业场景

1. 智慧银行

助力银行实现数智化银行战略转型发展，拓展全业务领域、全渠道、全流程的 AI 规模化应用。

开放银行服务体系下，人工智能技术与金融业务深度融合，在提升金融机构服务效率的同时，实现了客户服务体系的智能化、个性化。第四范式银行业人工智能解决方案助力银行实现精细化客户营销管理，内部运营优化，在开源节流的同时持续控制风险。

2. 智能保险

借助于第四范式面向保险业的人工智能解决方案，实现从营销、投保、理赔到保全的全流程管理。

保险行业正经历智能化升级阶段，由粗放型增长转为精细化运营，应关注数据平台搭建与数据积累，以及客户体验和个性化服务的提供。第四范式赋能保险行业提供端到端的智能方案，提供全方面、个性化、智能化的保险客户旅程，提升客户黏度与触点，增加客户体验。

3. 智慧券商

借助于第四范式强大 AI 平台，帮助券商更准确、实时地捕捉市场动态，洞察商机。

券商的智能化转型进入深水区，从盲目追求 AI 平台落地，到开始往业务赋能转型。在各个业务条线，从营销、投顾到投研量化和风控，需求愈加强烈，对 AI 厂商的技术深度要求也越来越高。第四范式深挖券商场景，利用智慧证券帮助券商完成业务智能化革新。

4. 智慧零售

借助于第四范式智慧零售 AI 技术面向零售行业的多个落地解决方案，可帮助企业提升“人货场”全面智慧化管理水平，达到新零售降本增效的目的。

随着新零售进入下半场，人工智能技术在零售各个环节的应用将助力零售企业构建以客户为中心的服务战略，全面提升企业智能化水平，实现向智慧零售转型。

5. 智慧能源

借助于第四范式面向能源行业的人工智能解决方案，赋能能源行业生产营运智能化，助力产业结构转型。

能源产业从重资产投入的传统生产型业务，加速向低碳、清洁能源、综合能源服务、能源数字化等方向转变，能源科技创新不断涌现，加速数字化转型已成为能源行业的共识，智慧能源 AI 已逐步被越来越多的能源企业接受，逐步应用在能源业务生产环节中。

6. 智慧医疗

借助于第四范式面向医疗行业的人工智能解决方案，实现医疗医药企业全链路的智能化转型。

随着医疗医药行业的发展变革，人工智能技术应用将助力医疗医药企业构建以技术为驱动、场景为核心的服务落地，全面提升医疗医药企业智能化水平，实现向智慧医疗转型。

7. 智慧制造

第四范式智能决策生产。智慧制造从实时生产的每个零件中学习，从产线运转的每台机器中洞察，人工智能帮助未来工厂从数字化到智能化。

随着中国进入由科技和创新驱动的新一轮发展阶段，越来越多的制造业企业开始寻求人工智能技术来进行企业的智慧制造转型，实现弯道超车。而制造业自身具备的丰富场景和海量数据，也为人工智能在制造业的发展提供了广阔的落地舞台和肥沃的数据养料。

第六节　网络安全类

一、奇安信

（一）奇安信介绍

奇安信科技集团股份有限公司（以下简称奇安信，股票代码：

688561）成立于2014年，专注于网络空间安全市场，向政府、企业用户提供新一代企业级网络安全产品和服务，在人员规模、收入规模和产品覆盖度上均位居行业第一。

2019年5月，中国电子以37.31亿元战略入股奇安信，奇安信正式成为网络安全国家队。2019年12月，奇安信成为北京2022年冬奥会和冬残奥会官方网络安全服务和杀毒软件赞助商。2020年7月22日，奇安信在科创板挂牌上市。2021年，奇安信在“中国网安产业竞争力50强”榜单中排名第一，并被评为北京市第一批“隐形冠军”企业。

2022年3月13日，奇安信圆满完成了北京冬奥会和冬残奥会官方网络安全服务保障工作，兑现了北京冬奥网络安全“零事故”的承诺，为我国关键信息基础设施和重大活动的网络安全保障提供了示范样本和有益经验。

奇安信的标志是数据虎符，象征着奇安信对网络空间安全和平的殷切向往。数据虎符以秦朝虎符为原型，融入了现代化和科技化设计元素，以摩尔斯电码所对应的二进制编码，替换虎符原型身上的铭文，将古代安全智慧与当代安全思想深度融合。从2000多年前的秦朝虎符，到今天的奇安信数据虎符，奇安信以“网络安全国家队”的身份，努力践行“让网络更安全、让世界更美好”的企业使命。

在安全理念方面，奇安信提炼出网络安全建设“三部曲”，帮助政企机构更好地应对数字时代的网络难题。“数据驱动安全”强调从复杂信息中看见威胁，“内生安全”主张实现安全和复杂系统的同步成长，“安全经营”提倡实现对复杂行为的动态掌控，让安全能力与日俱增，真正将网络安全的主动权握在手中。2020年，奇安信创新推出的内生安全框架荣获“世界领先科技成果奖”，能指导不同行业输出符合其业务特点的网络安全架构。

在技术能力方面，奇安信领跑国内网络安全行业。目前，奇安信在终端安全、云安全、威胁情报、态势感知等领域的技术先进性及市场占有率排名持续领先。

公司拥有业界颇具影响力的补天漏洞响应平台，累计为CNVD报送十多万个漏洞；持续监测境内外针对国家重要系统的高级持续威胁（APT）攻击，成功发现40余个境内外黑客组织；创新实施平台化战略，打造了鲲鹏、诺亚、锡安、川陀等八大研发平台，有超七成的产品采用了平台化生产方法，用标准化定制满足客户个性化需求，有效解决新场景的网络安全问题。截至 2021 年 12 月 31 日，奇安信拥有 662 项网络安全领域的主要发明专利、1099 项主要计算机软件著作权。

在业务领域方面，奇安信是全领域覆盖的综合型网络安全厂商。公司拥有完备的网络安全产品和服务，完善的研发、采购、生产和销售模式，重点涵盖了网络安全行业多个前沿领域，包括云和大数据安全防护与管理运营中心、物联网安全防护与管理系统、工业互联网安全服务中心、安全服务化项目、基于“零信任”的动态可信访问控制平台、网络空间测绘与安全态势感知平台等。同时，奇安信不断拓宽国际市场，已在印度尼西亚、新加坡、加拿大、中国香港等国家和地区开展网络安全业务。

作为网络安全国家队，奇安信立志为国家构建安全的网络空间。奇安信与中国电子共同打造的“PKS”体系，创新地把安全能力植入飞腾 CPU 和麒麟操作系统，让安全软件在应用层就能利用 CPU 和操作系统的能力，打破 Wintel 体系对中国的影响。目前正对“PKS”体系进行拓展升级，以更好地保障我国重要信息系统的网络安全。

奇安信一直是国家重大活动保障任务的重要支撑力量。公司多次参与国家重大活动网络安保工作，包括全国两会、中华人民共和国成立 70 周年阅兵、“一带一路”峰会等，是同行业里参与重保次数最多、配备人力最多的企业。同时，公司也是实战攻防演习的主力军，攻击能力和防守效果全面领先，屡获国家相关部门和客户的认可及感谢。公司还建立了一支覆盖全国省市的三级应急响应和安全服务团队，并开通了全国第一个网络安全行业服务号码 95015，全面满足各大政企机构的应急响应和网络安全保障需求。

（二）奇安信安全产品

面向数字化转型的新时代，奇安信集团秉承“内生安全”理念，根据自身在大数据、人工智能、实网攻防、平台化建设等多方面的技术优势和丰富的实战经验，结合广大政企客户的实际需求，设计了新一代的网络安全产品体系，为客户提供全面的网络安全防护方案，覆盖态势感知、数据安全、云安全、工业安全、终端安全、边界安全、开发安全、电子取证、信创和零信任等多个方面。

1. 态势感知

（1）监管、研判与指挥。包括网络空间安全态势感知与协调指挥系统、智慧城市安全监管与运营响应平台、监管态势感知单机版、监管态势感知行业版、态势感知研判系统。

（2）运营、编排与管理。包括工业安全态势感知与管理平台、态势感知与安全运营平台（NGSOC）、安全编排自动化与响应系统（SOAR）、安全资产管理系统。

（3）攻防、检测与演习。包括威胁监测与分析系统（天眼）、邮件威胁检测系统、DNS 威胁检测与日志分析系统、自动化渗透测试系统、攻击诱捕系统、互联网安全云监测系统、实战攻防演习平台、实战化防御指挥平台、网络空间测绘平台、补天全栈式 SRC 服务、补天众测。

（4）情报、分析与支撑。包括威胁情报平台、大数据智能建模平台、日志收集与分析系统、ALPHA 威胁分析平台。

2. 数据安全

（1）数据安全防护。包括数据库防火墙、运维安全管理与审计系统（堡垒机）、数据防泄露系统、数据库审计与防护系统、数据脱敏系统、特权账号管理系统（PAM）。

（2）数据流通安全。包括数据交易沙箱系统、数据跨境卫士。

（3）个人信息保护。奇安盘古隐私卫士软件（以下简称隐私卫士）是一款支持 Android 和 iOS 两大系统移动应用隐私合规检测与分析的系统，产品具有操作简单、检测效率高、检测质量可靠和独立部署等特点，为各类移动应用进行全方位和深度的隐私合规检测。

3. 云安全

（1）云计算安全。包括合规一体机、云安全管理平台、虚拟化智慧防火墙、超融合私有云系统、云安全中心（CSC）。

（2）服务器安全。包括统一服务器安全管理系统、服务器安全管理系统（云锁）。

（3）网站云安全。包括网站安全云防护系统（安域）、网页防篡改系统。

（4）云安全服务平台。Q-SASE 服务平台。基于该平台，Q-SASE 可通过服务化的防护能力、专业成熟的运营服务，助力客户以相对轻量的投入，针对互联网访问、内网应用访问、移动办公访问三个场景，实现标准化、闭环、“平战一体”的安全事件处置和响应。

4. 工业安全

（1）工业安全防护。包括工业网闸、工业防火墙、工业主机安全防护系统、工业互联网边缘可信防护系统。

（2）工业安全检测审计。包括工业安全监测与审计系统、工业安全审计系统、工业日志收集与分析系统、工业安全检查工具箱、工业安全漏洞扫描系统、工业运维审计系统、工业入侵检测系统。

（3）工业安全运营管理。包括工业安全态势感知与管理平台等。

（4）工业安全实验室。

5. 终端安全

（1）终端安全防护。包括终端安全响应系统（EDR）、终端安全运营平台（ESOP）。

（2）办公终端安全。包括终端安全管理系统（天擎）、可信浏览器、网络安全准入系统（NAC）、终端安全管理系统 SaaS 版（天守）。

（3）移动终端安全。包括移动安全管理系统、云手机安全管理系统、移动环境感知系统、移动威胁防御系统、移动应用自防护系统。

（4）个人安全产品。包括奇安信天守安全软件等。

6. 边界安全

（1）防火墙与网关。包括新一代智慧防火墙、安全 SD-WAN、安全接入网关系统（SSL VPN）、流量解密编排器。

（2）网络隔离。包括光单向安全隔离数据自动导入系统（单向光闸）、安全隔离与信息交换系统（双向网闸）、数据安全交换平台、数据安全单向导入平台、跨网文件安全交换管理系统。

（3）网络入侵检测与防御。包括入侵检测系统、入侵防御系统。

（4）上网行为管理。包括上网行为管理系统、网络安全审计系统。

（5）其他。包括服务调用平台、智能流量管理系统、防毒墙系统。

7. 开发安全

（1）代码安全。包括开源卫士、代码卫士。

（2）其他。包括漏洞扫描系统、应用交付系统。

8. 电子取证

（1）终端取证。包括计算机取证、手机取证、物联网取证（星联）。

（2）网络空间取证。包括云取证、网络取证（星探）。

（3）现场勘查。包括计算机现场取证、电诈案件事主勘查（星驰反诈）、新型案件现场勘查（智能现勘）、取证一体机。

（4）采集与数据分析。包括电子数据综合分析（智能星图）、App 溯源分析（星源）、手机采集（星驰采集）、多维案件分析（星图多维）、App 取证分析（星鉴）。

（5）综合取证。包括电子数据综合取证（取证战星）等。

9. 信创

（1）信创通用产品。包括网络安全审计系统、安全隔离与信息交换系统、主机监控与审计系统、终端安全登录系统、防火墙、终端安全管理系统（杀毒软件）、光单向安全隔离数据自动导入系统、流量管理系统、IPSec VPN 安全网关、数据库审计与防护系统、入侵防御系统、SSL VPN 安全网关、漏洞扫描系统、网络安全准入系统、可信浏览器。

（2）信创专用产品。包括服务器审计系统、电子文件密级标志管理系统、电子文档安全管理系统、文档发文信息隐写溯源系统、打印刻录安全监控与审计系统、运维安全管理系统、防病毒系统、主机监控与审计系统。

（3）信创适配产品。包括邮件威胁感知系统、网络空间安全态势感知与协调指挥系统、监管态势感知单机版、监管态势感知行业版、智慧城市安全监管与运营响应平台。

10. 零信任

包括终端环境感知系统、可信访问控制台系统、可信应用代理系统、可信 API 代理系统、Web 应用防火墙、零信任统一身份认证与管理系统、奇安信集团-新一代网络安全领军者（qianxin. com）。

二、深信服

（一）深信服简介

深信服科技股份有限公司（以下简称深信服，股票代码：300454）成立于2000年，是一家专注于企业级网络安全、云计算、IT基础设施与物联网的产品和服务供应商。目前深信服有超过9000名员工，业务覆盖全球50多个国家和地区，为超过10万家企业级用户的数字化转型构筑稳固基石。

深信服旗下有两大业务品牌——深信服智安全、信服云，与子公司信锐技术，共同承接“让每个用户的数字化更简单、更安全”的企业使命，在网络安全、云计算、IT基础设施与物联网领域中不断积淀、打磨、再创新，为用户的数字化转型工作构筑稳固基石。

公司持续创新，重视研发投入，其中五大研发中心覆盖了深圳、北京、长沙、南京、成都；20%+营业收入用于投入研发；研发人员占比40%。

1. 深信服创新研究院

一群来自美国耶鲁大学、北京大学、清华大学、香港科技大学、香港中文大学、上海交通大学、中国科技大学、中国科学院、华中科技大学、中山大学等国内外顶尖高校的博士团队组成的深信服创新研究院，承接公司在安全、云计算和IT基础设施领域的发展战略，推动技术创新在公司的变革、落地，赋能用户业务价值。

在安全方面，创新研究院打造了深信服云端能力中心“安全云脑”。安全专家的经验与各种智能检测算法的结合，覆盖了各种安全场景以及整个攻击链，结合强大的云端分析能力，将安全能力赋予各个安全产品。云计算和IT基础设施方面，围绕性能、可靠性、安全、网络和存储等方向持续开展技术创新，为产品核心竞争力赋能。同时，创新研究院持续进行新产品和新方向的探索和孵化，如全闪存、大数据、AI等。

超过50%的成员发表过顶会论文，清华、北大、中科大、港中文、华科、中科院博士占比超80%。近年来，研发体系42%的创新技术奖来自创新研究院，公司40%的专利来自创新研究院。

在科研院校产学研合作方面，中国科学院深圳先进技术研究院、清华大学、中国科学技术大学、华中科技大学、中南大学等承担下一代互联网信息安全技术国家地方联合工程实验室相关创新研究工作。

2. 集团子公司

（1）信锐技术。

深圳市信锐网科技有限公司（以下简称信锐技术）是深信服集团旗下

全资子公司、WAPI联盟成员，总部位于深圳南山智园，致力于企业级无线网络、物联网以及安视交换机产品的开发、应用，是下一代企业级无线网络、物联网及交换机解决方案厂商。信锐技术坚持以用户需求为导向，以持续创新为基石，全情投入为用户构建全连接的智能网络。

据IDC数据，2018年第一季度信锐无线在中国企业级WLAN市场排名第三。

（2）口袋网络。

深圳市口袋网络科技有限公司（以下简称口袋网络）是一家专注于企业营销型CRM的高科技公司，目前产品研发人员超过150人，大部分来自国内一线互联网公司。公司现在正处于高速发展中，2015年获得2亿元投资。

口袋助理应用凭借高效实用的功能、简单易用的操作，已吸引超过250万家企业客户使用。客户涵盖了金融、零售、IT、保险、教育等32个行业，小到初创公司，大到行业龙头，都免费享受到了数字化营销的便利。

（二）安全产品与方案

（1）基础设施安全。

（2）数据安全。

（3）云计算安全。

（4）工业互联网安全。

（5）物联网安全。

（6）信息技术应用创新。

第七节　前沿技术类

先进计算夯实算力发展基石。万物智联时代，海量数据洪流和多样应用需求爆发拉动算力规模成倍增长、算力结构持续调整，单一技术升级路径已难以匹配算力高质量发展需求，以多元化、融合化为特征的先进计算技术迎来新一轮发展浪潮。面向海量数据、实时响应、泛在多元、绿色安全等场景的信息处理需求，通过计算理论、计算器件、计算部件、计算系统等融合性创新和颠覆性重构，形成更高算力、更高能效、更加多样、更加灵活的计算技术和产品，将有助于实现单点计算性能的提升与算力系统的高效利用，解决算力面临的挑战，打破后摩尔时代的算力危机。

一方面，先进计算作为推动技术革新的新动力，推动基于硅基半导体的经典计算技术持续向前演进，以系统化思维逐步改变芯片设计思路，形成多样化的计算架构。

另一方面，量子计算、存算一体、光计算、类脑计算等颠覆性计算技术取得突破进展，推动非经典计算从理论走向实践。随着先进计算技术的不断发展，现有算力规模将得到有效提升，算力成本显著降低，算力利用效率提高，算力体系将得到颠覆性的变革。

前沿计算产业化初探。计算技术与数学、物理、生物等多学科交叉融合，由此衍生的存算一体、光计算、量子计算等前沿颠覆计算技术创新活跃，成为未来探索的重要方向，目前部分领域开始走向产业化探索。存算一体架构实现在存储单元中进行计算，有望攻克“内存墙”瓶颈，业内已涌现出知存科技等一批初创企业，相关产品已在物联网、可穿戴设备中实现应用。光计算利用光学器件折射、干涉等光学特性进行运算，产品原型已开始在数据中心试用，生态建设成为未来发展和突破的重点。量子计算在随机电路采样、玻色采样等特定问题求解中展现算力优越性，研究机构正尝试在加密解密、化学模拟、药物研发等场景中进行应用。

一、灵汐科技

（一）公司简介

北京灵汐科技有限公司（以下简称灵汐科技）是一家全球领先的类脑计算技术科技公司。公司产品包括类脑芯片，以及基于类脑芯片的模组、计算板卡和服务器、配套软件工具链和系统软件等。产品可广泛应用于云端和边缘端的 AI 应用场景，以及脑科学研究。

发展历程：

2018 年，灵汐科技正式成立。

2019 年，成果登上 *Nature* 封面，全球 1200 家主流媒体报道。设立武汉研发中心。

2020 年，MPW 工程样片 Lynworm 回片，测试性能指标达到 3.7

TFlops/W、11 Tops/W，设立深圳子公司、无锡子公司。

2021 年，发布第一代类脑芯片领启© KA200。发布基于 KA200 的类脑计算板卡系列、类脑模组系列和类脑服务器系列产品。设立上海办事处。

2022 年，类脑感知端芯片、下一代类脑计算芯片列入研发计划。设立杭州分公司。

（二）核心技术

1. 类脑计算到底是什么

人类大脑是已知的唯一通用智能系统，其能够仅依靠少量的数据训练以极低功耗智能地完成复杂环境下的复杂任务。因此，探索人类大脑“运行”的底层机理以及研究人脑复杂工作机制背后的神经科学对探索智慧的本质、揭示心智的奥秘以及迈向通用人工智能时代有重要意义。

类脑计算，是借鉴生物神经系统的信息处理模式和结构的计算理论、体系结构、芯片设计以及应用模型与算法的总称。这个领域融合了计算机科学、计算神经科学等多个学科。利用类脑计算，人类可以实现机器的自感知、自适应以及自驱动。类脑计算既适用于处理复杂环境下的非结构化信息，又有利于发展自主学习机制，甚至有望最终发展出人类大脑的创造性，进化出新的智能体，打开通用人工智能的大门。

2. 类脑芯片是类脑计算领域的智慧成果

灵汐科技自主研发的类脑芯片，是类脑计算领域的智慧成果，开启了探索通用人工智能的新路径。其类脑芯片可同时支持分别属于计算机科学和神经科学的不同神经网络模型，甚至支持二者融合的混合神经网络模型。灵汐科技推出了全球首款具有通用编程能力的类脑芯片，其采用异构融合、众核并行、存算一体的非冯·诺依曼架构，可高效支持深度学习神经网络（DNN）、脉冲神经网络（SNN）和大规模脑仿真。此外，该类芯片针对神经网络的连接稀疏性、事件稀疏性以及脑仿真计算效率进行了高度优化，可比采用冯·诺依曼架构的芯片提升百倍以上的计算效率。

灵汐科技还自主研发了端云一体的类脑软件开发平台 LynOS ©，方便用户进行基于灵汐芯片产品且统一接口的 AI 应用开发。该平台支持高效图优化和全自动编译，也为开发者提供丰富的算法模型资源、灵活高效的开发工具和简单易用的开发框架。灵汐科技积极与合作伙伴构建和发展类脑生态，研发开源脑仿真平台和类脑计算训练框架，引导并支撑类脑计算的应用落地。

3. 类脑芯片产品的应用价值

灵汐科技推出的类脑芯片是其在前沿科技领域的重大突破性成果，其芯片在能耗、算力和效率方面都有巨大优势，能较大程度地推动国家“低碳算力”和“绿色一体化智能计算”战略的落地，助力国家早日实现碳达峰、碳中和目标。

灵汐科技推出的类脑芯片具有较强扩展性，不仅能以单片的形式高效支持类脑计算模型和脑仿真计算，还能以计算服务集群的形式助力生态合作伙伴构建更大、更快、更精准的大型脑仿真平台和类脑计算平台，从而推动脑科学与类脑算法领域的发展。此外，类脑芯片在传统 AI 应用领域也有高能效等优势。灵汐科技推出了基于其类脑芯片的完整产品体系，如类脑计算模组、板卡、服务器以及与之配套的软件工具链、系统软件以及类脑整体解决方案。该套产品体系可广泛应用于云端和边缘计算，能够助力众多合作企业的智能化升级，促进智慧城市、智能网联车、智慧工控、智慧金融等众多相关行业的发展和变革。

（三）行业应用

1. 数据中心

随着数字经济时代的到来，远程教育、电商生活、智慧出行等行业逐渐兴起，培育了大量新型客户需求，因此也带动了中国数据中心行业客户需求规模量级的大幅增加。多元化衍生产品以及生活场景也使得中国数据中心业务的市场规模呈稳定增长趋势。人工智能技术的应用可以优化数据中心运营管理效率、降低能耗，使数据加工更精确，为数据中心提供高效、经济的解决方案，从而形成“AI+IDC”的产业融合概念。

基于对行业的深刻理解，始终坚持从用户角度出发，灵汐科技为客户提供用于数据中心的高算力产品，推出的类脑芯片可保证数据中心为其用户提供敏捷而灵活的计算服务，其独特的类脑芯片架构打破冯·诺依曼瓶颈，使得计算速度提高且功耗大幅降低。同时，它也可满足数据中心对于异构工作负载的需求，帮助云上数据中心降低运营风险与业务复杂度，从而提高运营效率。

2. 互联网

随着云计算、人工智能、大数据以及物联网等技术的迅速普及，互联网行业对数据处理/数据分析业务的需求呈指数级增长。因此，计算平台在大批量处理数据时，往往需要极强的并行计算能力。而传统 CPU 服务器在处理大数据/人工智能相关任务时已表现出力不从心。为了应对这一问题并帮助用户实现业务的高速增长，各大互联网企业开始使用并行计算能力更强的 GPU 服务器。

灵汐科技可为各大互联网厂商和主流云计算厂商提供比传统 CPU 产品性能更优异的计算加速卡与服务器解决方案。相较于传统 AI 芯片，灵汐科技推出的类脑芯片具有存算一体等特点，该类芯片既能提供更高的计算能效比，也具有较强的模型兼容能力。基于该类芯片的加速卡和服务器产品不仅适合开发者用户进行 AI 模型的快速搭建与技术验证，还能够保证云计算厂商提供满足各类用户工作负载需求的计算服务，最终帮助互联网企业降本提效。同时，灵汐科技推出的计算类产品也以出色的兼容性满足了互联网用户在各业务场景下多元化的弹性需求。

3. 智慧交通

智慧交通是基于云计算、大数据、人工智能、智慧物联、5G 等数字化技术，通过“人—车—路—云”等交通参与者的实时信息交互和协同来提升交通运行效率与道路交通安全性的新兴产业。智慧交通产业还可助力自动驾驶技术的发展，因此已成为新基建的重要组成部分。中共中央、国务院印发的《交通强国建设纲要》与《国家综合立体交通网规划纲要》明确强调要加强智慧交通相关领域的技术研发。目前，该领域已被纳入国家“十四五”规划。在此背景下，我国智慧交通的产业建设正逐步从测试验证走向成熟落地。

灵汐科技以“端—边—云”协同的方式全面助力智慧交通行业的发展。在云端，灵汐科技的计算产品可为设备管理、设备标定、算法管理、拓扑管理、地图管理、时间管理、数据管理等任务提供高效且稳定的算力，并能够在高精地图服务的帮助下与智慧交通系统实现全时空交通运营与管理；在边缘端，灵汐科技的边缘计算产品又能够与云端产品相互配合，在智慧交通感知端（如各型摄像头和雷达）的协同下完成道路事件从感知到分析的全流程。

4. 智慧工控

2015 年，国务院印发了全面推进实施制造强国的《中国制造 2025》国家战略。该文件旨在利用物联网技术、人工智能、5G 等新技术推动工业智能化发展，从而实现节能环保、降低劳动力成本和加快产业升级步伐。目前，智慧工厂行业仍保持较高增速。智慧工厂由智能仓储、智能车间、智能品控、智能追溯管理、智能安全等众多功能模块组成。而人工智能技术、机器人技术、边缘计算技术以及云计算技术能够渗透到各功能模块中。智慧工厂需要对工业现场工作环境采用集中式或分布式管理，合理布局算力，对人员、生产设备、物料、工艺流程、作业环境进行合理控制、智能监管。

灵汐科技已建立“云边端一体，软硬件协同”的产品生态，可为工业视觉智能、工业数据智能、工业交互智能以及 IoT 边缘智能等平台关键应用技术提供底层算力支撑。灵汐科技推出的计算产品可灵活运用于工业质检、安全巡检、单据识别、人机交互等多个应用场景中。与此同时，该类计算产品也能大幅降低用户企业的系统成本、适配成本与迁移成本，积极助力用户企业的灵活运营、智慧生产，从而实现降本提效，推动企业完成智能化转型。

5. 智慧安防

随着社会的发展与科技的不断进步，传统的安防管理以及工作模式制约着安防行业的发展。面对安防工作“自动化”、执法工作“规范化”、智慧管理“智能化”、队伍管理“精细化”的现代城市安防安全需求，一系列的安防安全问题亟待解决。全面落实安防安全工作，是经济社会发展、社会和谐稳定、人民安居乐业的基本保障，以智慧城市建设热潮为契机，越来越多的地区和城市开始研究和实施智慧安防建设。“智慧安防”是充分运用大数据、云计算、物联网、人工智能等新兴技术手段，根植于安防工作，打造基于“一张图”“大数据”的水电气的安全预测、预警、预判和基于摄像监控的安全监测指挥平台。在安全防范方面实现小区自我管理、安全工作智能监督、业主共同参与的有机融合。在安全隐患应急处置方面实现人员配置上的合理化布局、指挥层级的上下贯通，使安全隐患防控水平得到整体提升。

灵汐科技将高性能类脑芯片技术与计算机视觉技术深度融合，其计算产品能够高效完成图像/视频在高帧率下的分析、视觉检测、光学字符识别等任务，从而满足智能时代下各行业、各场景对于全息感知、数据智能的安防需求，使用户能够大幅降低安全隐患，提高管理效率。

6. 自主可控

近年自主可控战略地位上升，核心技术与关键产品自主可控的重要性凸显。国家高度重视自主可控信息产业的发展，明确了计算机信息系统的自主、可控以及安全需求，大力推进关系国家安全的重点行业的网络安全建设和自主可控信息系统建设，并相应地出台了一系列政策和要求，牵引着自主可控信息产业的发展。

灵汐科技自成立伊始即坚持自主研发，深入洞察自主可控生态环境建设的需求，顺应当前信息安全形势，全面助力国产软硬件基础设施的建设。其产品不仅适用于政府和公共安全事业，还可以在网络信息安全以及金融等多个行业的信息化建设中承担重任。①

二、后摩智能

（一）后摩智能简介

南京后摩智能科技有限公司（以下简称后摩智能）成立于2020年，位于江苏省南京市，由吴强博士与多位国际顶尖学者和芯片工业界资深专家联合组建，是国内首家专注于存算一体技术的大算力AI芯片公司。后摩智能以国际前瞻的存算一体技术和存储工艺，致力于突破智能计算芯片性能及功耗瓶颈，加速人工智能普惠落地。其提供的大算力、低功耗的高能效比芯片及解决方案，可应用于智能驾驶、泛机器人等边缘端，以及云端推理场景。

后摩智能旨在用颠覆性技术打造具有“十倍效应”的AI芯片，满足真正的人工智能时代超大算力需求，用无限算力去改变世界。

① 资料来源：灵汐科技 | 致力于创造持续自主进化的新智能体（lynxi. com）。

发展历程：

2020 年 9 月，完成数千万美元天使轮融资，红杉资本中国基金领投；

2020 年 11 月，后摩智能成立，启动基于存算一体技术的新型通用 AI 芯片研发；

2020 年 12 月，成立上海研发中心；

2021 年 2 月，成立北京研发中心；

2021 年 6 月，入选南京市“培育独角兽”榜单；

2021 年 8 月，完成 3 亿元 Pre-A 轮融资，启明创投领投；

2022 年 4 月，宣布完成数亿元 Pre-A+轮融资，经纬创投、金浦悦达汽车基金联合领投；

2022 年 4 月，成立深圳研发中心。

后摩智能选择用存算一体来重构智能驾驶芯片。在传统的冯·诺依曼架构中，计算和存储分离，当 AI 的算力需求达到 100 TOPS 级别时，计算与存储模块间巨大的数据传输延迟、能量损耗将带来严重的算力与功耗瓶颈。后摩智能采用的存算一体架构，实现了计算和存储的完全融合，不再需要往复的数据搬运，既能提高数据处理速度，又能极大降低数据传输延迟，从而使芯片能效比得到极大提升，大幅度降低散热系统成本，实现智能驾驶芯片所需的大算力、低功耗和低成本。

（二）产品技术

1. 存算一体，创新架构

AI 算力需求不断提升，算力和功耗瓶颈却难以解决。存算一体技术，采用非冯·诺依曼架构，是解决存储墙/性能瓶颈的有效技术手段。

2. 第一代芯片

基于 SRAM 的大算力、高能效比的智能计算芯片，运用 SRAM-CIM 技术快速构建存算一体核，并以此核搭建存算一体芯片，在相同功耗下提供 10 倍算力。

3. 第二代芯片

基于 RRAM 等先进存储工艺的大算力、高能效比的智能计算芯片，运用先进的 RRAM 等存储工艺，继续扩充模型容量，进一步降低功耗、增加算力，最终可实现单芯片算力 1000 TOPS。

（三）后摩智能入选“2022 数字制造创新企业 TOP 50”

2021 年 12 月 21 日，工信部网站发布的《“十四五”智能制造发展规划》指出，站在新一轮科技革命和产业变革与我国加快转变经济发展方式的历史性交汇点，要坚定不移地以智能制造为主攻方向，推动产业技术变革和优化升级，推动制造业产业模式和企业形态根本性转变，以“鼎新”带动“革故”，提高质量、效率效益，减少资源能源消耗，畅通产业链供应链，助力碳达峰、碳中和，促进我国制造业迈向全球价值链中高端。

在此背景下，创业黑马联合佛山高新区管委会及近百家投资机构，一同挖掘产业中具有代表性的优秀数字制造公司，评选出来“2022 数字制造创新企业 TOP 50”。本次榜单的评选指标包括五个维度：创新价值、市场领先价值、投资价值、成长价值、品牌价值。对于该榜单，创业黑马主张重点评选具有创新性、产业性的数字制造企业，因为这些企业能代表数字制造产业的未来。

此次入榜，既是对后摩智能技术实力的肯定，也是对后摩智能未来市场发展前景的期许。后摩智能坚持以底层架构创新来突破芯片算力及功耗的瓶颈，是国内用“存算一体”做智能驾驶芯片的先行企业。

面向智能驾驶等边缘端场景，后摩智能打造了大算力、低功耗的高能效比芯片，向行业客户提供包含芯片、算法、软件及参考硬件的一站式解决方案，助力客户快速落地应用，目前公司已与新石器无人车、环宇智行等行业领先的自动驾驶企业展开全方位的合作。①

① 资料来源：https：//mp. weixin. qq. com/s/8PSn0cIMjiUpAc0g7uP44g。

区域篇

第六章
数字经济助力区域经济转型与高质量发展

第一节　大数据是引领贵州创新驱动发展的关键动能

贵州以高质量发展为统揽，迫切需要培育更多新增长点，增强全省经济社会发展韧劲。作为“十四五”时期三大战略行动之一，大数据是引领贵州创新驱动发展的关键动能。面对全球经济形势和竞争形势，贵州需要更加聚焦重点、突出关键，充分发挥数据要素作用，加快构建数字经济发展新生态，积极培育数字经济核心竞争力。

一、挖掘数据价值

（一）打造全国首个覆盖全省公共资源交易领域的综合金融服务平台

2020 年 11 月 13 日，全国首个覆盖全省公共资源交易领域的综合金融服务平台——贵州省公共资源交易综合金融服务平台正式上线投用。

该平台通过对公共资源交易行业数据的合理开放，利用大数据挖掘、清洗、分析技术，有效开发提升公共资源交易数据价值，助推中小企业解决融资难、融资贵问题。

“这是贵州对数据资源进行开发利用的生动体现。”该平台是云上贵州公司在确保数据可用不可见的前提下，利用招投标、企业等数据，构建企业画像、产业关联等模型，深入有效挖掘公共资源交易数据价值，引入金融机构，为参与交易的市场主体提供在线金融服务。

（二）认识到当前时代下数据经济是经济发展的重要力量

当前，新一轮科技革命和产业变革正加速重构全球创新版图、重塑全球经济结构。面对新冠疫情冲击，数字经济是支撑经济发展的重要力量，而数据作为数字经济发展的关键生产要素，正在成为各国制定数字经济战略的一大侧重点。

二、聚焦重点领域

说起贵州大数据，成立于2015年的贵州易鲸捷信息技术有限公司瞄准实现对数据库核心基础架构自主掌控的目标，自主研发了全球首个下一代融合型分布式数据库，在技术上具备与甲骨文等的全球顶尖技术竞争的实力。

“长期以来，我国数据库市场一直被国外数据库巨头垄断，国产数据库市场份额极低。”易鲸捷公司董事长李静说。操作系统、芯片、中间件、数据库作为中国数字底座的重要组成部分，其自主化、国产化程度对于国家IT产业的发展及国家信息安全至关重要。

贵州“先行先试”的大数据发展环境为易鲸捷公司打破国外垄断提供了良好的“试验场”。

“贵州大数据发展已经到了大浪淘沙阶段。”李静说。经过近年来的探索与快速发展，贵州大数据发展是时候聚焦重点领域和优势领域，为其他领域探索可行经验了。她还认为，一方面要淘汰掉全省大数据产业链中的“泡沫”企业，将更多资源优化配置到发展前景好、有潜力的大数据企业；另一方面要聚焦持续发展，扶持好相关大数据龙头企业形成“发动机”，真正引领全省大数据产业高质量发展。

三、培育核心优势

数字经济逆势快速增长，增速连续五年排名全国第一；全省大数据与实体经济融合水平进入中级阶段；数字化治理持续走在全国前列……

近年来，贵州顺应新一轮科技革命和产业变革大势，率先抢滩大数据蓝海，坚定不移实施大数据战略行动，以大数据为引领推动经济社会发展实现历史性新跨越。

但受新冠疫情冲击，全省大数据领域一些长期存在的短板也集中暴露出来，特别是在原创性技术和产品方面，对外依存度较高。

贵阳创新驱动发展战略研究院院长、大数据战略重点实验室主任连玉明认为，虽然一些前沿技术领域开始进入并跑、领跑阶段，但数字技术总体处于落后局面和被动跟随状态，仍然面临很多“卡脖子”技术问题。同时，由于核心器件、高端芯片等产业对外依存度高，将面临断链和外迁的高风险。

要彻底改变这一局面，必须有耐性和韧性，加快培育和构建起具有核心技术自主权的大数据产业链，增强全省大数据产业核心竞争力。

第二节　浙江衢州市按下数字经济“快进键”

早在20世纪90年代，浙江衢州便依托巨化集团创办中国化工云商网，立足传统农业优势创办中国粮网，数字经济的雏形在这个“东南阙里、南孔圣地”落地开花，留下了先行实践的衢州印记。到2017年，衢州又从“一窗受理、集成服务”入手，在“最多跑一次”改革诸多方面取得创造性突破，成为全省乃至全国样板。此后，衢州围绕数字产业化大发展、产业数字化大融合、治理数字化大变革不断突破、全面开花，按下数字经济“快进键”。

一、登高谋远——描绘数字经济“新版图”

不谋全局者，不足谋一域；不谋万世者，不足谋一时。对数字经济的智慧布局，印证着衢州寻求跃变升级的魄力。

自2014年以来，当北上深的互联网浪潮澎湃出时代发展的最强音，当“数字经济第一城”杭州的互联网因子点亮了浙江数字经济的天空，衢州大胆布局，将深度参与北上深等城市的互联网产业、接轨杭州城西科创大走廊作为做强数字经济的战略突破口，走出了一条“创新孵化在外地、产业化在本地”的飞地经济发展模式。

这种前瞻性布局带来的最大变革，是衢州日益坚定的数字化发展理念。随着外部人才、科创、产业等资源的加速流入和集聚，一个个数字经济平台拔地而起，衢州数字经济版图持续扩大。

风景怡人的石梁溪畔，一座名为“衢时代”的创新大厦已然成为衢州数字经济智慧产业的“桥头堡”、成长性经济主体创新创业的“新高地”。作为山海协作的重要载体，衢时代创新大厦是衢州“两园一楼一镇六飞地”创新创业平台的重要组成部分，与花园258、衢州海创园两大创新平台同频共振、协同共进。2021年，三大平台入驻数字经济企业超150家。

如今的衢州，俨然是数字经济创新策源地、人才聚集地：阿里巴巴、中电海康、浪潮集团等互联网头部企业云集，被誉为衢州推动数字经济“一号院”的东南数字经济发展研究院、浙江省无线电产业基地——电子科大长三角研究院、致力于培育高端人才的浙大衢州“两院”接连花落衢州……政府与企业主体合力相向，产业链、服务链、创新链和谐交融，共同构筑起衢州特色的“种子、苗圃、孵化、加速、产业化”一体化数字经济双创模式和创新发展生态。

根植数字经济发展沃土，浙江省无线电产业基地（衢州）好风凭借力，完成了从无到有的历史性蜕变。2023 年 2 月，衢州市政府、浙江省经信厅、电子科大联合发布《浙江省无线电产业基地发展规划》，梳理出无线电产业招商地图、出台产业政策等，吹响了衢州做强无线电产业的“集结号”。中电海康智慧交通总部、阳光照明虹芯微电子、安沿科技 AI 自适应雷达交通灯控系统等 20 多个优质项目落地开花，构筑起衢州无线电产业的雄厚根基。

数享未来，驶向蓝海。短短几年，衢州数字经济规上企业从 2017 年不足 100 家跃升到 151 家。重大项目、领军企业勇立潮头、扬帆逐浪。金瑞泓微电子（衢州）有限公司成功拉制浙江省第一根完全自主知识产权的量产型集成电路 12 英寸硅单晶棒；浙江时代锂电国际合作产业园作为“省长工程”已成为衢州里程碑项目；浙江禾川科技股份有限公司成为山区 26 县首家科创板上市的数字经济企业……

“2023 年，全市计划完成规上数字经济核心产业营业收入增长 30%以上，力争突破 500 亿元；规模以上数字经济核心产业增加值占地区生产总值比重达到 4.8%。”谈及全年发展目标，衢州市大数据局相关负责人信心满满。

二、数字驱动——澎湃产业跃变新动能

衢州以开放包容的胸襟拥抱数字化浪潮，在这座传统农业大市和重工业城市，“互联网+”、“物联网+”、人工智能与实体经济深度融合，生发出一场气势磅礴的生产力变革。

“争创世界一流企业，必须加快数字化转型。”秉承这种认知，巨化集团以“零手动操作”改造为切口，最大限度地减少人的不安全行为和消除

物的不安全状态，全面提升本质安全水平。截至目前，巨化集团已实现82套装置“零手动操作”上线，年创效2亿元左右，初步形成了“滚雪球”效应。“零手动操作”上线后，DCS岗位从“操作员”变“监护员”，解放出更多生产力，让更多员工成为思考者、创造者，在为解决化工企业安全生产这一核心问题提供“巨化方案”的同时，也为助推实现“双碳”目标贡献了巨化力量。

这只是数字化助力衢州制造业转型升级的典型缩影。自2021年以来，衢州共培育工信部新一代信息技术与制造业融合发展试点示范1个，省新一代信息技术与制造业融合发展试点示范企业16家，数字化车间/智能工厂15家，省“未来工厂”1家、试点3家，省产业集群新智造试点2个，省级工业互联网平台创建名单5家。以数字化为变革支点，衢州制造业阔步迈向智能化时代。

在这座奔跑在数据上的城市，风生水起的电商经济，不断催生出商业新模式新业态：1500多个天猫小店、乡村直播小站、智能零售柜、社区智能生鲜柜等新零售网点遍布城乡。

强化数字力量，把稳农业“基本盘”。在衢州，数字化赋能农业现代化渐成风潮，助力乡村产业振兴迈向新境界。

“全市共有35家农场开展数字化改造，累计开展种养基地数字化改造118家，培育了鲟龙数字渔场、农法自然数字农场、柚香谷数字工厂、龙游县金秋红柑橘专业合作社农场等17家省级数字农场。”衢州市大数据局相关负责人介绍说。

在柯城，投资5.06亿元的数字农业科创园拔地而起，荷兰铪科农业、中恒LED、鲜沐科技等优质企业接踵而来，为本地农业科技创新提供了坚实的技术后盾；“常山县乡村振兴数字产业园”的正式启用，意味着该县开启了乡村振兴以“智”取胜的新模式；柯城区开发的“浙里柑橘”应用，实现了柑橘全链条价值提升；龙游县开发“智慧粮脑”应用，聚焦“管好田、种好粮、能致富”目标，构建“两非”智能监管，为粮食安全探索出一条可复制、可推广的数字化改革之路。

借力数字化，制造业转型升级、乡村产业振兴成为普遍的经济现象，悄然延伸着衢州城乡通往未来的共富之路。2020—2021年，衢江区、柯城区均获得浙江省政府实施数字经济“一号工程”大力发展数字经济督查激励。

三、以人为本——共建数智生活惠民生

为群众打造看得见、摸得着、感受得到的数字体验，是满足人民群众日益增长的美好生活需要的必选项，也是共同富裕的题中之义。

在衢州，覆盖面广、多元化的数字化改革成果，正渗透进基层社会治理各方面："县乡一体、条抓块统"改革实现了市、县、乡三级贯通，一体联动、高效治理，已在全省推广；"多审合一""测验合一"成为全国样板；工程建设项目审批制度试点改革全省领先；民生事项"一证通办"实现率、网上办事实现率全省最高；全国首张身份证网上功能凭证在衢州诞生，不动产登记在全国率先实现60分钟出证，政务服务标准化体系建设省级试点通过验收并在全省推广……铭刻数字化烙印，社会治理现代化的"衢州经验"不断丰富、成熟。

与此同时，衢州立足四省边际中心城市区位优势，从推进数据要素"聚、融、通、用"四方面入手，打造"四省边际数据运营服务平台"，创新推进数据要素市场化配置改革。四省边际数据运营服务中心成立以来，先后打造了基于数据运营服务的邻礼通、村情通、政企通"三通一智（治）"大平台，开发了包括"快速通行服务""社区个性化服务""个人数字资产服务"等多个场景应用服务。

通过公共数据授权使用、持续创新和拓展数据赋能场景，如特种车辆安全防护场景为交通事故规避、智能监控设备布置提供数据支撑，有效提升群众出行安全。目前，已有37家运输企业共计352名驾驶员、433辆渣土车数据接入平台，基本实现了市本级全覆盖。将发展成果最大限度地让渡给人民群众，是数字化发展的初心和归宿。

2019年，一款名为"邻礼通"的小程序出现在衢州市民的生活里。经过多年的升级迭代，现已成为衢州基层智治大脑重大实践成果的基本单元。在困难群众帮扶中，通过"邻礼通"针对4125名自理困难的特殊人群收集求助信息，开展帮扶7000余次；同时，"邻礼通"还集成"e充停"、医保到家、"老来伴"智慧养老等特色场景，惠及老年人3.1万余名。

船稳当奋楫，风劲好扬帆。翻开《衢州市数字经济发展"十四五"规划》，字里行间，皆是这座城市进阶的雄心和勇气："力争到2025年，衢州市数字经济整体发展水平跨越式提升，数字经济总量占GDP比重达到

60%……围绕‘全国数字经济第一城副中心城市’与‘四省边际数字经济发展高地’的总体定位，成功打造数据价值化试验区、数字技术转化引领区、数字化转型示范区、体制机制创新先导区。”

这一引领未来的科学规划，承载着257万衢州人民对美好生活的期许，悄然展开了衢州数字化发展的新蓝图，正为衢州增进民生福祉、赋能共同富裕书写新注解。

第三节　海宁形成全方位的数字经济政策体系

一、聚力顶层设计，全面提升数字经济发展环境

（一）加强顶层设计，强化目标引领

海宁成立了市数字经济发展领导小组，制定《海宁市数字经济发展规划（2019—2022年）》，提出打造全国泛半导体智造基地和全省数字经济创业创新先行区、产业数字化转型示范区、数字城市应用先导区的建设目标；出台《海宁市支持泛半导体产业发展若干政策意见》等系列政策，形成覆盖产业、基金、人才等全方位的政策体系。目前，全市数字经济核心产业制造业规上企业已突破100家，上市企业6家。

（二）引培创新平台，强化支撑能力

海宁积极引进专业科研院所和科研攻关服务机构，建立泛半导体行业共性技术和关键技术研发中心、测试中心、服务中心。目前，鹃湖一期项目主体已完工；中科院海宁先进半导体与智能技术研究院、中科院微电子所等相继落户海宁；浙大半导体晶体材料与设备研究院、英国帝国理工应用数据实验室、麻省理工学院相关合作项目加快推进。

（三）创新财政扶持，做大产业基金

海宁积极贯彻“变补为投”的创新理念，运用政府产业基金等市场化手段，组建成立多个基金项目，泛半导体产业基金已投资项目24个，投资8.2亿元，带动项目股权投资14.28亿元，参股国家集成电路产业基金二期2亿元。

二、聚力重点领域，做大做强两大数字产业

（一）产业转型，寻找新的增长极

20世纪90年代，不产一张原皮的海宁，建起了全国最大的皮革专业市场。除了皮革，海宁经编、家纺也闯出了一片天，世界经编之都、中国布艺名镇，一度为人津津乐道。但走进新时代，不可回避的是，在地方高质量发展的浪潮中，因高能耗、高污染等各种因素，原有的诸多产业面临转型阵痛。海宁经济社会发展新的增长极在哪里？

（二）抢抓先机，全力做强做精泛半导体产业

围绕泛半导体装备、基础材料和核心元器件三大方向做精泛半导体产业，2019年，海宁泛半导体产业规上产值突破100亿元。海芯微、奕斯伟、芯晖装备等芯片设计研发和装备企业相继落地"三园一城"，即泛半导体产业园、杭州湾电子信息产业园、泛半导体基础材料产业园和鹃湖国际科技城等，发展平台雏形初现。

（三）发挥优势，全力做大做优光伏新能源产业

通过发挥晶科、正泰新能源等龙头企业的示范引领和磁吸效应，海宁要打造县域规模最大的光伏行业集聚区。目前已形成全产业链一体化发展体系，2019年，海宁规模以上光伏产业产值234.7亿元，同比增长27.1%，同时具有13 GW电池和12 GW电池组件的产能。2023年3月，晶科能源签约新增7.5 GW高效太阳能电池与7 GW电池组件项目，项目总投资105亿元，满产后可新增销售收入160亿元。

三、聚力智能制造，加快推动产业数字化全覆盖

（一）推进智能化技术改造

海宁出台了《海宁市推进企业智能化技术改造咨询诊断工作实施方案》，于2019年培育了8家省级智能化改造工程服务公司，63家免费咨询诊断企业。2022年，海宁又迅速出台《海宁市推进"千企万机上网触云"深化智能化技术改造的若干措施》，努力实现规模以上企业和行业智能化改造全覆盖，加快打造10个以上数字园区、20个以上数字化车间/智能工厂。

（二）打造行业工业互联网平台

海宁围绕皮革、经编、家纺等特色行业，靶向发力，培育了“经编云”“袜之源”等工业互联网平台，用行业云串联并服务于整个产业集群的转型升级，助力破解中小企业数字化转型难的问题。2019 年，全市联网企业达 500 家，联网关键机器设备达 5000 台；3 家企业成功入选省级工业互联网平台创建名单，累计上云企业 4607 家。

（三）推进园区数字化改造

通过引导企业建设智能化工厂，加快推进数字化园区改造等手段，2019 年，海宁有 4 家园区入选省数字化示范（试点）园区，3 家企业获评省级首批数字化车间/智能工厂。海宁还推进一批“大、好、高”项目建设，其中机器换人示范项目 44 个、新兴产业项目 32 个、智能制造项目 35 个。

四、聚力融合发展，全力推进长三角一体化建设

（一）加快推进融杭进程

海宁借助于杭海城际铁路建设的契机，加快与余杭区、钱塘新区的对接合作，共建杭海新区，打造“跨行政区域合作开发的样板”。目前，与浙大网新合作开发的杭海数字新城、总投资 118 亿元的中国宝武浙江总部等项目已签约落地。

（二）高度重视接沪合作

深化沪浙两地首家跨省合作园区——上海漕河泾新兴技术开发区海宁分区建设，主动引进高质量数字经济项目，已集聚世界 500 强投资企业 4 家、主板上市企业 3 家、全球行业龙头企业 5 家，上海企业占近 1/3。

（三）合作培养高端人才

海宁加大校企合作，依托本地及杭州、上海等地高校资源，聚焦人工智能、泛半导体等领域，培养和造就一批数字经济领域复合型人才。

第四节　温州市政策驱动数字经济创新

2021 年 3 月 29 日，温州市召开全市数字化改革创新会议，提出：“全力打造数字经济领跑区。”现阶段，温州市数字经济系统建设发展较为顺畅，确定了资源要素、未来工厂、数字贸易、产业大脑四大体系的 15 个重点项目。与此同时，温州市着手推进数字经济综合应用门户系统，开启全面智能化建设。

2022 年 5 月 15 日，温州颁发了《温州市数字经济集聚区建设方案（2022—2024 年）》。该文件又一次明确指出：“打造数字经济领跑区”，重点建设温州数字经济集聚的关键区域，并带动周边区域，统一构建“一核心，多区块”的发展布局，建立有实力的数字经济集聚区。就产业方向而言，温州市将重点发展物联网、工业软件、嵌入式软件与云计算等 11 个细分领域。就产业规模而言，2024 年，预计温州全市数字经济增加值达到 5700 亿元，占 GDP 的 60%，数字经济重点产业营业收入预计达到 1400 亿元。

当前，信息革命的时代潮流正加速向各领域广泛渗透，数据已成为重要的生产要素和战略资源。

2021 年，浙江全面吹响数字化改革号角。作为中国民营经济发展先发地区和改革开放前沿阵地，温州市数字经济集聚发展后劲十足，正在这场系统性大变革中占得先机、赢得主动。当前的温州，正坚定不移实施数字经济“一号工程”，大力培育发展数字经济新产业新业态新模式，以创新驱动引领高质量发展。

一、高质量发展：加速打造集聚发展优势

2021 年，温州在全国数字经济百强城市中列第 27 位，数字经济综合评价连续多年排名浙江前三；2022 年第一季度，该市 GDP 同比增长 6.1%，增速排名浙江第三，分别高于全国和浙江 1.3 个和 1 个百分点。

数据背后，是温州制造业数字化转型新战场的逐渐形成。早已融进企业发展根骨的数字化理念，也为该市经济高质量发展打开新空间。

近年来，锚定高水平建设国家创新型城市、打造区域重要人才中心和

创新高地，温州正以创新驱动引领高质量发展。

“我们坚持筑巢引凤，启动实施‘大孵化器’战略，计划五年新增孵化面积和众创空间1000万平方米，其中2023年新增120万平方米以上，为创新创业对象提供拎包入住的空间。”张振丰说。

2023年以来，温州谋划设立数字经济集聚区，并以数据安全与应用为切入口，谋划布局数据安全与应用产业，围绕“九个一”架构，高起点规划、高标准建设、高效率推进中国（温州）数安港建设，全力打造数据产业创新发展新高地。

召开的2022年数据安全发展大会上，便有16家企业与温州进行合作签约。“温州计划五年内引育数据安全行业企业100家以上，相关数字经济企业500家以上，入驻专业人才1万人以上，力争‘3年成规模，5年破千亿’，着力打造领跑全国的数据安全与应用产业集群。”

二、高效能治理：政策环境引领优质服务

以数智支撑基层治理，已成为新时代社会发展的强劲驱动力。眼下在温州，各类数字化手段成为基层治理的重要抓手，在市域治理体系激起朵朵浪花。

近年来，温州不断推进数字政府、智慧城市、城市大脑“三位一体”融合发展，全力打造“整体智治、唯实唯先”的现代政府。

在2022年4月召开的“续写创新史、走好共富路”推进会上，该市发布20项重大改革（重大应用），“推进城市运行和社会治理集成改革”位列其中。

数字化改革逐步推动着温州社会治理精准化能力大幅提升，优质服务高效化同样结出“硕果”。

聚焦司法服务保障，温州设立全国第一家数据资源仲裁院和全国第一家数据资源法庭，全力做好中国（温州）数安港内涉及大数据的民商事、知识产权等服务。

聚焦金融服务保障，温州市组建了一期50亿元规模的科创基金和超10亿元的“数安基金”，依托专业基金运营机构，扶持优秀初创期企业，助力数据安全与应用产业快速培育、快速发展。

“我们希望让更多的数据企业和专业人才亲身感受温州市场化法治化

的营商环境、生机勃勃的创新创业环境和优良美好的生态环境，共同参与建设更具活力的‘千年商港、幸福温州’。”

三、高品质生活：数字赋能乡村大有不同

以小切口惠及大民生，以小单元折射大社会。眼下，数字化改革深度融入温州共同富裕美好社会的图景中。

以前村里有工程，就有人来问项目，现在都是“智慧系统”说了算。所谓的“智慧系统”，指的是小微权力“监督一点通”基层服务平台。该平台按照数字化改革“V”字模型，设置村级工程、村级采购等六大子场景，搭建了大数据驾驶舱、数据池、治理端与服务端的“一舱一池两端”架构，实现了所有事项全部线上办理、线上留痕。一场场牵一发而动全身的系统性“大变革”，连接着民众对美好生活的向往，关系着经济社会发展的大局，正惠及温州各地乡村和民众，让“小日子”有了“大变化”。

平阳县昆阳镇湖屿村通过打通县一体化公共数据平台，构建起乡村管理者高效协同办公的“乡村大脑”；借由数字平台，文成县武阳村村民可通过参与邻里互助、垃圾分类等活动获得积分，用于兑换生活必需品和年终分红……

如今，未来乡村智治中心、养老服务中心和智慧健康站，已逐渐成为温州未来乡村的标配。接下来，温州市还将通过统一数据仓进行数据汇总、分析、处理，融合各部门相关系统数据，实现数字化便民服务。

踏上“续写创新史、走好共富路”新征程，温州的脚步仍未停下，并将继续乘“数”而上，打造更具活力的“千年商港、幸福温州”。

参考文献

袁国宝．数字经济［M］. 北京：中国经济出版社，2021.

中国信息通信研究院．数字经济概论［M］. 北京：人民邮电出版社，2010.

何伟，孙克，等．中国数字经济政策全景图［M］. 北京：人民邮电出版社，2022.

马化腾，萌昭莉，等．数字经济：中国创新增长新动能［M］. 北京：中信出版集团，2017.

黄奇帆，朱岩，等．数字经济：内涵与路径［M］. 北京：中信出版集团，2022.

袁国宝．新基建：数字经济重塑经济增长新格局［M］. 北京：中国经济出版社，2020.

周之文，周克足．数字经济：国家战略行动路线图［M］. 北京：中国经济出版社，2023.

汤潇．数字经济 影响未来的新技术 新模式 新产业［M］. 北京：人民邮电出版社，2019.

徐翔．数字经济发展——网络、算法与数字平台［M］. 北京：人民出版社，2022.

陈琼．数字新经济：数字经济时代的机遇与挑战［M］. 北京：中国商业出版社，2023.